名門私立も、国立も!

幼稚園受験を決めたら 改訂版

願書の書き方から面接対策まで
この一冊で完全攻略

はじめてでも大丈夫
合格育成 BOOK

宝物は
何ですか?

だんご
ちゃん

Shinga-kai

はじめに

　これからお子さんが幼稚園への就園時期を迎えるご家庭では、どのような進路を選択すべきか、迷われることもあろうかと思います。特に近年は、よりよい環境を求めて、高校や大学まで一貫教育が受けられる附属幼稚園を受験されるご家庭が増えています。情報過多の時代ゆえに、受験をされる皆さまの中には、不安やさまざまなうわさに対するとまどいを抱かれる方も多いようです。

　伸芽会は創立以来半世紀を超える歴史の中で、お子さんの大切な幼児期の成長を支えてきました。楽しい体験を積み重ねる授業で力をつけ、いわゆる名門幼稚園・附属幼稚園にたくさんの合格者を輩出しています。幼稚園受験では、願書の内容や面接からうかがえる親の姿勢が非常に大切になることは言うまでもありません。

　本書は、お子さんの受験を初めて経験される方々に知っておいていただきたいこと、また疑問を抱きがちな点やヒントになるようなアドバイスをさまざまな観点からまとめております。お子さんにとって豊かな幼児期を過ごせる幼稚園選び、また志望園への合格を勝ち取る一助になれば幸いです。

　末筆になりましたが、本書編集にあたり、ご協力いただいた皆さまに心より感謝申し上げます。そしてご両親が改めてご家庭やお子さんの将来を考える機会を持つことで、お子さんの健やかな成長と幸せな未来につながるよう願っております。

伸芽会教育研究所

目次

※本書に掲載されている情報は、幼稚園が公表している情報と伸芽会教育研究所の調査を併せたデータです。情報は変わる
　場合もありますので、詳しくは各幼稚園のホームページや募集要項などでご確認ください。
※出願書類の記入例に掲載しているフォーマットは、各幼稚園の書類から一部抜粋したものであり、実際のものとは異なる
　場合があります。また、志望理由などの具体例も掲載していますが、どのようなことを書いたらよいのかといった、参考
　資料としての位置づけです。必ずしも、この通りに記入すれば合格する、ということではありませんので、ご了承くださ
　い（面接の答え方事例も同様です）。

入園準備のための自己診断 Check30

幼稚園受験をするにはさまざまな準備が必要です。
志望園の決め方、入園試験の内容、どのようなことを注意すべきかなど、
どれくらいのことを知っているかチェックしてみましょう。

チェック	チェック項目	ポイント
☐	受験する幼稚園は男女共学ですか、別学ですか？	幼稚園選びをするうえで、共学か別学か、宗教色はあるか、上級校はどこまであるかを知るのはとても大切なことです。特に附属園の場合は、高校や大学まで続く一貫教育のスタートになりますので、よく考えておきましょう。
☐	宗教系の幼稚園ですか？	
☐	大学まで進める幼稚園ですか？	
☐	幼稚園の教育の特色を知っていますか？	幼稚園選びのポイントとして、それぞれの幼稚園の指導の特色やおおまかな教育内容を知っておくことも必要です。自由保育か一斉保育か、縦割り保育を実施しているかなど、特徴も併せて調べておきましょう。
☐	募集定員は何人ですか？	募集定員、通園方法、初年度に必要な費用などの下調べをしておけば、受験直前にとまどうこともありません。幼稚園まで、ラッシュ時に子どもの足でどのくらい時間がかかるのかを知っておくことも、受験当日に役に立ちます。通園時間や居住地域の指定がある幼稚園もあるので、事前に確かめておきましょう。また、制服があればどのようなものかもチェックしておきましょう。
☐	2年保育ですか、3年保育ですか？	
☐	自宅から幼稚園までの通園時間はどのくらいですか？	
☐	交通機関は何を利用しますか？	
☐	幼稚園は通園時間、地域を限定していますか？	
☐	どのような制服ですか？	
☐	初年度にかかる費用はいくらですか？	
☐	入園説明会はいつごろ開かれますか？	教育の特色や幼稚園生活の様子などを直接聞くことができ、園選びをするうえで非常に役立ちます。説明会に参加した感想をアンケートに記入することもあります。受験を考えている幼稚園の入園説明会や見学できる行事には、ぜひ出席して雰囲気を知っておきましょう。

チェック	チェック項目	ポイント
☐	願書の配付、出願の時期はいつごろですか？	願書を軽く考えていると、書類の不備があったり、教育方針などがうまく書けなかったりするものです。願書の受付時間に指定がある場合や、郵送の期日が決まっている場合もあるので、間違えないようにしましょう。願書を早めに入手して、準備をすることが大切です。Ｗｅｂ出願の場合は、別に提出する書類がないかを含め、出願全体の流れをよく確認しておきましょう。
☐	提出する書類にはどのようなものがありますか？	
☐	願書には写真が必要ですか？	
☐	出願は窓口、郵送、Ｗｅｂのどれですか？	
☐	面接はありますか？	多くの幼稚園で、親子面接や保護者面接が実施されます。子どものテストだけではわからない親の教育観や子育ての姿勢を知ることが目的です。面接で聞かれることの多い項目について、事前に両親で話し合って意見をまとめておきましょう。また、キリスト教系の幼稚園ではシスターが面接官で、子どもがその姿に驚くこともありますから、前もって慣らしておくなどの配慮が必要です。
☐	面接は考査日前ですか、考査当日ですか？	
☐	面接は親子面接ですか、保護者面接ですか？	
☐	面接ではどのようなことを聞かれますか？	
☐	面接資料を提出する幼稚園ですか？	

チェック	チェック項目	ポイント
☐	どうしてその幼稚園を志望するのですか？	面接の質問は幼稚園ごとに傾向がありますが、両親が園について理解しているか、子どもをどのように育てたいかは、どの園でもよく聞かれます。幼稚園に対する認識不足や、家庭内での育児方針の相違は、面接官に与える印象を悪くしますから、両親で事前に話し合ってまとめておきましょう。
☐	お子さんにどのような人間になってほしいですか？	
☐	ご家庭の育児方針を説明できますか？	
☐	テストは何日間ですか？	子どものテストでは、どういった問題が実際に出されるのか、両親にとっては一番気になるところでしょう。事前に、入試ガイドブックやインターネット、知人から情報を得るなど、いろいろな方法で調べておくとよいでしょう。テストの形式、出題傾向などを正しく把握し、効果的な準備を進めることが肝心です。また、当日子どもが万全な体調で臨むためには、テストの日程も軽視できない要素です。
☐	テストはどのような形式で実施されますか？	
☐	受験番号、テスト日程はどのように決まりますか？	
☐	個別テストはありますか？	
☐	集団テストはありますか？	
☐	親子課題は出されますか？	

幼稚園受験の予備知識を押さえておこう

入園準備ファイル

受験準備をスムーズに進めるためにも、幼稚園と受験についての予備知識を頭に入れておきましょう。私立・国立など幼稚園の種類や特色、園選びのポイント、選考方法、受験で求められることなどをお伝えします。家庭の教育方針も決めておくとよいでしょう。

- 幼児期の教育・保育について
- 幼稚園の種類
- 幼稚園別進路パターン
- 幼稚園の特色と選ぶポイント
- 幼稚園でかかる費用
- 入園までに身につけたいこと
- 入園試験とは
- 幼稚園はこんな子を求めている
- 歓迎されない親のタイプとは
- お受験 Q＆A

幼児期の教育・保育について

小学校就学前のわが子にどのような教育・保育を受けさせるべきか。
多くの保護者が悩む問題です。幼児期の教育・保育の場はいくつかの選択肢があります。
それぞれの特徴と幼児期に集団生活を送る意義、施設選びの大切さを見てみましょう。

家庭の状況により教育・保育の場を選択

幼児期の教育・保育の場は数種類あり、子どもの年齢や親の就労状況などによって利用できる施設が変わってきます。就学前の子どもの預け先といえば、従来は幼稚園か保育所というイメージでしたが、2015年4月より「子ども・子育て支援新制度」が施行され、幼児教育、保育、地域の子育て支援の質の向上、量の拡充が進められるようになりました。

新制度の主な取り組みは、①幼稚園と保育所の機能を併せ持つ認定こども園の普及を図る、②保育の場を増やして待機児童を減らし、子育てしやすい、働きやすい社会にする、③幼児期の学校教育や保育、地域のさまざまな子育て支援の量の拡充と質の向上を図る、④少子化が進む地域の子育てを支援する、の4点です。

幼児期の教育・保育施設を利用するには

新制度の対象施設や事業には、幼稚園、保育所、認定こども園、地域型保育があり、これらを利用するときは居住する市区町村より「保育の必要性」の認定を受けなければなりません。認定の区分は、1号、2号、3号の3つです。子どもが3～5歳で、教育を希望する場合は1号認定となり、利用先は幼稚園か認定こども園、「保育を必要とする事由*」（→P.11）に該当する場合は2号認定となり、利用先は保育所か認定こども園。0～2歳で「保育を必要とする事由」に該当する場合は3号認定となり、利用先は保育所、認定こども園、地域型保育と決められています。

ただし私立幼稚園は新制度に移行した園と、移行していない園があります。新制度に移行した幼稚園や認定こども園を希望する場合は園に直接利用を申し込み、入園内定後に園を通じて1号認定の申請をし、認定証の交付後、園と契約します。新制度に移行していない幼稚園を希望するときは、認定を受ける必要はありません。園に直接利用申し込みをし、入園内定後に手続きを行います。

幼児期を過ごす施設選びは重要

幼稚園、保育所、認定こども園のいずれを利用するとしても施設選びは重要です。なぜなら、子どもたちにとって初めての集団生活の場になるからです。幼児は知識で物事を理解するというよりも、体全体で吸収していくという特徴があります。入園・入所まで家庭で自分中心に過ごしてきた子どもたちは、集団生活はそれでは成り立たないことを知るようになります。約束を守ることや待つこと、やってはいけないこと、人を傷つけたり傷つけられたりしたときの対処法、礼儀や思いやりなどを学んでいきます。

会話も自分が話したいことを話せればよいわけではありません。人の話を理解する、自分の思いを人に伝えるといった言語力の基礎は、集団生活の中で刺激を受けることで育まれます。

2000年にノーベル経済学賞を受賞したシカゴ大学のジェームズ・ヘックマン教授は、「5歳までの環境が人生を決める」と指摘しました。幼児期に自己調整力、道徳性、規範意識、社会性などの「非認知能力」を身につけることにより、将来的に人生の成功や健全な生活を手に入れられる確率が高まると発表したのです。

こうしたことからも、施設選びは子どもの将来に直結しているといえます。

● 幼児期の教育・保育施設／事業

施設／事業	対象年齢	特色	利用できる保護者	利用申込先
幼稚園	3〜5歳	小学校以降の教育の基礎をつくるための幼児期の教育を行う学校	制限なし	各施設
保育所	0〜5歳	就労などのため家庭で保育のできない保護者に代わって保育する施設	共働き、介護などのため家庭で保育ができない保護者	市区町村
認定こども園	0〜5歳	幼稚園と保育所の機能や特長を併せ持ち、地域の子育て支援も行う施設	0〜2歳は共働き、介護などのため家庭で保育ができない保護者。3〜5歳は制限なし	市区町村または各施設
地域型保育	0〜2歳	保育所（原則20人以上）より少人数の単位で、0〜2歳の子どもを保育する事業	共働き、介護などのため家庭で保育ができない保護者	市区町村

● 認定区分の決め方

子どもの年齢	保育の必要性	認定区分	利用できる施設／事業
0〜2歳	「保育を必要とする事由*」に該当する	3号認定（保育認定）	保育所、認定こども園、地域型保育
0〜2歳	「保育を必要とする事由」に該当しない	認定不要	各施設の一時預かり、認可外保育所など
3〜5歳	「保育を必要とする事由」に該当する	2号認定（保育認定）	保育所、認定こども園
3〜5歳	「保育を必要とする事由」に該当しない	1号認定(教育標準時間認定)	幼稚園、認定こども園

*保育を必要とする事由：就労、妊娠・出産、保護者の疾病・障害、親族の介護・看護、災害復旧、求職活動、就学、虐待やＤＶのおそれがある、育児休業取得中にすでに保育を利用している子どもがいて継続利用が必要、その他類する状態として市区町村が認める場合

● 施設利用の流れ

1号認定 幼稚園や認定こども園に直接申し込む ▶ 入園内定を受ける（定員超過などにより選考がある場合も）▶ 施設を通して市区町村に認定を申請する ▶ 施設を通して市区町村から認定証が交付される ▶ 施設と契約する

2号・3号認定 市区町村に保育の必要性の認定を申請する ▶ 保育の必要性が認められた場合、認定証が交付される ▶ 市区町村に保育所などの利用希望の申し込みをする ▶ 希望、施設の状況などに応じ、市区町村が利用調整をする ▶ 利用先決定後、契約する

幼稚園の種類

幼稚園は設置・運営者の違いにより、公立、私立、国立に分けられます。
その中で受験が必要になるのは主に私立や国立です。私立幼稚園にもいくつかの種類があります。
それぞれの幼稚園の違い、特色を理解しておきましょう。

設置者による幼稚園の種類

文部科学省では、幼稚園とは3歳から小学校就学前までの子どもが、幼稚園教育要領に基づく教育が受けられる学校と規定しています。幼稚園は設置者の違いにより3種類に分けられます。

・公立幼稚園

公立幼稚園は、市区町村などが設置・運営しており、1小学校区に1園という自治体もありますが、もっと少ないところもあります。入園資格は園のある市区町村に居住しており保護者が送迎できること、などと決められています。入園の申し込みは幼稚園か自治体の担当窓口で行い、希望者が定員を超えたときは抽選をする場合があります。教育内容は幼稚園教育要領が基本ですが、自治体の実情に応じた取り組みも見られます。

・私立幼稚園

私立幼稚園の設置・運営者は学校法人、宗教法人、公益法人、社会福祉法人、農協、個人などです。教育内容は公立と同じく幼稚園教育要領をベースにしていますが、それに加え園ごとに建学の精神を掲げ、独自の理念や方針をもって教育にあたっています。私立幼稚園には小・中・高、大学などに附属する附属幼稚園、系列の上級校がなく卒園児の多くが私立や国立大学附属小学校を受験して進学する受験幼稚園、系列の上級校がなく卒園児の多くが公立小学校に進学する幼稚園などがあります。入園方法は、入園試験を実施、先着順、抽選をする、などに分かれます。

・国立大学附属幼稚園

ほかの幼稚園と同様に幼稚園教育を行うほか、国立大学附属の研究・教育機関として実験的・先導的な教育への取り組み、教育実習の実施、大学の研究への協力などを使命としています。出願資格として通園区域制限があり、入試や抽選を実施します。ただし基本的に国立大学の附属高校から大学へは内部進学できません。また附属幼稚園を卒園後、附属小・中・高などの上級校に進学するときも試験を実施する学校があります。

私立幼稚園の種類

・男女共学か別学か

私立幼稚園のほとんどは男女共学ですが、女子校附属で女子のみの園もあります。一方、小学校以降は男女別学ですが、幼稚園は共学という園もあります。

・キリスト教系

明治時代以降に、布教活動のために来日した修道会などを母体とする園が中心です。キリスト教の教えに沿った理念のもとで園生活が営まれ、宗教関連の習慣や行事が行われます。

・仏教系

寺院が運営している幼稚園が多いようです。仏教教育を取り入れ、子どもたちが命の尊さに気づき、周囲に感謝する気持ちや奉仕の精神を持てるよう育てます。一般的な年中行事に加え、花まつりや成道会などの宗教行事を行います。

・神道系

神社が運営する幼稚園で、緑豊かな境内にあるなど自然あふれる環境が特徴です。鎮守の森で遊びながら、自然を大切にする心や自然への感謝の気持ちを養います。

・無宗教系

実業家、教育者、保護者、教師などが創立した幼稚園です。それぞれ建学の精神や教育理念に基づき運営されています。

幼稚園別進路パターン

系列校がある附属幼稚園は、幼稚園だけを見て決めると「こんなはずでは……」などと
後悔することも。卒園後に進学できるのはどのような学校か。途中で外部受験をするのか、
大学はどうするかなど、小学校以降の進学先も確認しておくことが大切です。

[上級校の特色や 進学条件も確認を]

幼稚園の上に小学校、中学校、高校、大学などがある附属幼稚園の多くは一貫教育を行っています。これらの学校では、原則として一定基準以上の成績を収めていれば、卒園後は系列の上級校に進学できますが、注意点もあります。系列校が小学校まででしたら中学以降の進学先を考えなければなりませんし、系列校が高校まででしたら大学受験が必要です。一方、大学まで内部進学制度があったとしても希望する学部がない、あるいは成績などの条件が合わず希望する学部に入れない、または系列の大学ではなく外部の大学に進学する割合が高いというケースもあります。

一貫校の場合、幼稚園そのものはもちろんですが、中学など途中で外部受験をするのか、高校まで一貫校なら大学はどうするかなど、小学校以降の進学先も見据えてよく検討しましょう。

[幼稚園は共学でも 上級校は別学の学校も]

上級校が共学か別学かという点も要注意です。たとえば、川村幼稚園、光塩女子学院幼稚園、東洋英和幼稚園、日本女子大学附属豊明幼稚園、雙葉小学校附属幼稚園は共学ですが、いずれも小学校以上は女子校です。また、暁星幼稚園は共学ですが、小学校以上は男子校です。

桐朋幼稚園は幼稚園と小学校は共学ですが、中学・高校は男女別になります。聖ドミニコ学園幼稚園とカリタス幼稚園は幼稚園と小学校は共学ですが、中学からは女子校です。概して、女子校系の園は共学でも女児が多く、男子校系は男児が多いという特徴があります。

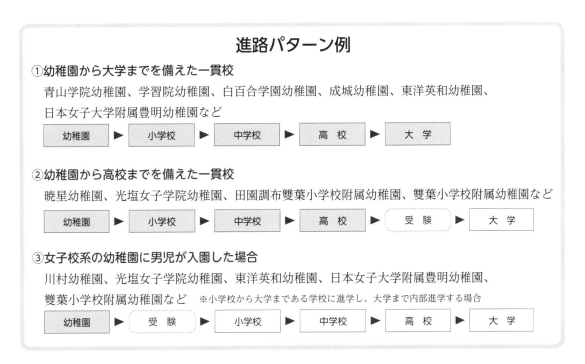

進路パターン例

①幼稚園から大学までを備えた一貫校
青山学院幼稚園、学習院幼稚園、白百合学園幼稚園、成城幼稚園、東洋英和幼稚園、日本女子大学附属豊明幼稚園など

幼稚園 ▶ 小学校 ▶ 中学校 ▶ 高校 ▶ 大学

②幼稚園から高校までを備えた一貫校
暁星幼稚園、光塩女子学院幼稚園、田園調布雙葉小学校附属幼稚園、雙葉小学校附属幼稚園など

幼稚園 ▶ 小学校 ▶ 中学校 ▶ 高校 ▶ 受験 ▶ 大学

③女子校系の幼稚園に男児が入園した場合
川村幼稚園、光塩女子学院幼稚園、東洋英和幼稚園、日本女子大学附属豊明幼稚園、雙葉小学校附属幼稚園など　※小学校から大学まである学校に進学し、大学まで内部進学する場合

幼稚園 ▶ 受験 ▶ 小学校 ▶ 中学校 ▶ 高校 ▶ 大学

幼稚園の特色と選ぶポイント

それぞれの幼稚園には独自の教育方針や活動内容があります。
この幼稚園に入園すると子どもたちはどんな生活を送るのかを想像しながら
カリキュラム、行事、制服、昼食、施設など特色を比較して志望園を決めましょう。

入園の時期について

小学校の就学時期は、原則として満6歳になった翌日以降の最初の学年の初め（最初の4月1日）からという一律の規定がありますが、幼稚園の入園時期には幅があります。一番多いのは満3歳の誕生日以後の4月で、幼稚園では3年保育として募集されます。このほか満4歳のときの4月に入園する2年保育、満5歳のときの4月に入園する1年保育があります。園によって募集は3年保育のみ、2年保育のみ、3・2年両方、3・2・1年すべて、などですが、3・2年両方の募集があっても3年保育がメインで2年保育の人数は少なかったり、年によって募集をしないことがあったりするので注意が必要です。

また、幼稚園の入園資格は満3歳のため、満3歳児クラスを設けている幼稚園もあります。この場合、満3歳になれば次年度を待たずに入園でき、利用料などの補助（→P.16）も受けられます。

満3歳未満児を対象にしたクラスやプログラムがある幼稚園もあります。保育は保護者同伴で頻度は週1回、年数回、不定期などと決められています。未就園児クラスに参加すると、幼稚園の様子をよく知ることができ、子どもも慣れて入園試験でのびのび振る舞えるなどの利点があります。参加者は優先的に入園できる幼稚園もありますので、チェックしてみるとよいでしょう。

幼稚園の1日

幼稚園教育要領で教育標準時間は4時間と決められており、多くの幼稚園が保育時間を9〜14時前後としています。園生活の一例を見てみると、まず登園すると制服から活動着などに着替えて自由遊びをします。保育開始時間になるとクラスごとに朝の会をし、その後クラスのみんなで一斉活動。昼食はお弁当を食べ、午後は自由遊びをし、帰りの会をして降園です。なお、1週間のうち水曜日は午前保育の園や、学年や季節によって登・降園時間を変えている園もあります。

預かり保育

近年は共働き家庭が増加しているためか、子育て支援として預かり保育を行う幼稚園が増えています。園により学期中の通常保育終了後のみ、保育終了後と朝の保育開始前、学期中の通常保育日のほか行事代休日や長期休暇中も実施などいくつかのパターンがあります。ただし預かり保育を実施していても、新入園児は園に慣れた3ヵ月後から受け入れなどという園もありますので、利用開始時期を確認しておくことをおすすめします。

正課活動

教育標準時間に行われる活動です。通常はカリキュラムに沿って展開され、主に子どもたちがやりたいことを見つけて行う自由保育とクラスや学年などみんなで同じことを行う一斉保育があります。幼稚園によって自由保育のみ、自由保育と一斉保育両方などの特徴が見られます。一例としては、正課のカリキュラムとして文字の読み書きや英語、専門家による体操や音楽の指導などに力を入れている園、イタリア発祥で子どもの自発性を尊重するモンテッソーリ教育や、子どもたち自身がテーマを決めて取り組むプロジェクト型保育などを取り入れている園などがあります。

課外活動

幼稚園によっては降園時間後に希望者向けに課外活動を行っています。ピアノ、絵画、造形、英語、体操、サッカー、ダンス、水泳などの教室を有料で開いている園が多く、外部講師を招いたり、系列校の施設を利用したり、スポーツクラブや英語教室などと提携したりする例も見られます。習い事はほかでもできますが、幼稚園なら移動の必要がなくお友達も一緒など、慣れた環境で学べることなどがメリットといえます。

行事

幼稚園ではさまざまな年間行事が行われます。代表的なものでは遠足、七夕、夏祭り、運動会、稲刈り、いも掘り、もちつき、豆まき、ひな祭り、発表会などが挙げられます。このほか、親子遠足や宿泊保育、音楽や人形劇の鑑賞会などを行うところもあります。宗教系の幼稚園では、一般的な行事のほかに宗教関連の行事も行います。

施設、設備に関すること

幼稚園を見学するときは、園舎や園庭の広さ、雰囲気だけでなく、子どもたちが実際に過ごす場面を想像しながら設備や備品、教材なども見ておきましょう。園舎では床や階段の素材、窓の位置、トイレや手洗い場などが確認ポイントです。トイレは保育室から近いところにあるか、園児数に対して数は十分か、手洗い場は清潔か、せっけんなどはあるかもチェックしたいものです。

園庭では広さや日当たり、地面は土か人工素材か、自然の多さ、遊具の種類、安全面、掃除や手入れがしっかり行われているかどうか、などの確認が大切です。室内では保育室に用意されている積み木、おままごと道具、お絵描き道具、絵本などが子どもの年齢に合っているか、安全性に配慮しているかなどを見ておきましょう。

制服、通園バス、昼食

制服や通園バスの有無、昼食はお弁当か給食かを検討材料にしたいという方も多いでしょう。制服があると楽と思われるかもしれませんが、通園時や行事のときのみ制服で、通常の保育時間は私服で過ごすという園がよくあります。園に置いておく予備の着替えも必要です。

通園バスは天気の悪いときや親の体調が悪い、幼稚園に行く時間が取れないなどのときは便利ですが、バスのルートによっては子どもが長時間乗車しなければならないことがあります。徒歩や公共交通機関で毎日送迎するのは大変ですが、送迎が必要なのは幼児期だけなので、親子でかけがえのない時間が過ごせるともいえます。

昼食は毎日お弁当、毎日給食、基本はお弁当で決まった曜日は給食の注文が可能、お弁当と給食が週2日ずつなどさまざまです。お弁当は親子の交流の一環と見なす園や、食育のために食材やメニューにこだわった給食を提供している園もあります。利便性だけでなく、園の教育方針と昼食の関連性も認識しておくとよいでしょう。

保護者の役割

幼稚園は子どもの年齢が低いため、安心・安全で楽しい園生活を送るには保護者のかかわりが重要です。まず通園の送迎があります。祖父母やベビーシッターでも可能という園もありますが、子どもの様子を共有するためにも多くの園が保護者の送迎を望んでいます。保育に関するものでは保育参観、親子遠足、懇談会、個人面談などが代表的です。保護者が保育活動を手伝う「保育参加」を行っている園もあります。

保護者会活動への参加も求められます。名称は園によって異なり、加入は任意とされていても実質は全員加入という園が多いようです。幼稚園と連携し、行事の準備・運営、施設の保全や美化など保育活動をサポートします。

幼稚園でかかる費用

幼稚園に入園すると入園料、利用料、教材費、施設費などの費用が必要になり、
その一部は「幼児教育・保育の無償化制度」により補助されます。
では私立・国立幼稚園の場合はどうでしょうか。無償化の対象範囲や額などを知っておきましょう。

［ 無償化の対象範囲と金額 ］

「幼児教育・保育の無償化制度」の対象と見なされるのは、幼稚園、保育所、認定こども園、地域型保育、企業主導型保育の利用料などです。幼稚園の場合は入園する子どもの年齢と、子ども・子育て支援新制度（以下、新制度）に移行した園かどうかで補助額が変わります。

　子どもが満3～5歳で新制度移行園であれば、利用料は無料になります。新制度未移行園であれば、利用料が月2万5700円まで無償になります。未移行園の入園料は在籍月数で割り、利用料と合わせて上限月額の範囲まで無償化されます。

　幼稚園の預かり保育は、居住地の市区町村にて就労などの要件を満たし「保育の必要性」の認定を受けていれば、月1万1300円まで無償になります。通園送迎費、食材料費、行事費などは保護者の負担ですが、年収360万円未満相当世帯の子どもと全世帯の第3子以降の子ども*はおかずやおやつなどの副食費が免除されます。

　国立大学附属幼稚園は月8700円まで無償です。

［ 無償化の手続きと支払い方法 ］

　入園する幼稚園が新制度移行園の場合は、無償化のための手続きは必要ありません。利用料は市区町村から直接幼稚園に支払われるため、保護者の支払いは生じません。

　新制度未移行園の場合は、市区町村に「施設等利用給付認定申請」をする必要があります。申請書類は基本的に幼稚園から配付され、園が指定する期限内に提出します。

　利用料の支払い方法は、いったん全額を幼稚園に支払い、後日市区町村から無償化分が給付される償還払いと、保護者は無償化分を差し引いた額を幼稚園に支払い、幼稚園は市区町村から無償化分を受け取る法定代理受領の2種類があります。私立幼稚園、国立大学附属幼稚園ともどちらの方法かは園によって異なります。

　また、国の制度に加えて独自の給付制度を設けている市区町村もあります。条件や金額は自治体によって異なるので、居住地の市区町村に確認しましょう。

● 幼稚園でかかる費用

幼稚園の種類	利用料	預かり保育	実費など
子ども・子育て支援新制度移行私立幼稚園	無料	月ごとに実際に支払った額と利用日数×450円を比べ、低いほうが月1万1300円まで無償になる。保育の必要性の認定を受ける必要がある	通園送迎費、食材料費、行事費などの実費や特定負担額は保護者負担。ただし年収360万円未満相当世帯の子どもと全世帯の第3子以降の子ども*の副食費は免除される
子ども・子育て支援新制度未移行私立幼稚園	月2万5700円まで無償		
国立大学附属幼稚園	月8700円まで無償		

*第1子は小学3年生以下であることが条件

入園までに身につけたいこと

多くの子にとって初めての集団生活の場になる幼稚園。入園は楽しみな一方、
保護者と離れ家庭と全く異なる環境で過ごすことに、親子とも不安を覚えることもあるでしょう。
園生活に早く慣れ、楽しめるよう、入園までに身につけたいことをお知らせします。

[基本的な生活習慣]

　毎朝同じ時間に幼稚園に行き、決まった時間を過ごすには、規則正しい生活に慣れる必要があります。早起きをして朝食をしっかりとり、トイレを済ませて散歩や公園に行くなど、生活リズムを整えておくようにしましょう。また、集団生活では自分のことは自分でしなければなりません。衣服や靴の着脱、手を洗ってハンカチでふく、自分の持ち物を管理する、道具を出し正しく扱い片づけるなど、最初は保護者がサポートしながらできることを増やしていってください。

　おむつ禁止の幼稚園もあります。おむつが外れていても、自宅以外のトイレをいやがる子もいます。トイレトレーニングの一環として自宅以外のトイレにも入れるようにし、行きたいときは自分で言えるようにしておきましょう。

[年齢相応の社会性]

　入試では保護者と離れて先生と1対1や、お友達と数人のグループでテストを行うことがあります。園生活でも円滑なコミュニケーション、周りへの配慮や礼儀、マナー、協調性が必須です。

　まずは母子分離ができること、自分の名前が言えること、呼ばれたら返事をすることを目指し、「おはようございます」「こんにちは」「さようなら」「ありがとう」「ごめんなさい」など、あいさつを習慣化するとよいでしょう。そして、先生の話をきちんと聞き指示に従う、お友達と遊ぶときは玩具を独り占めしない、順番を守る、言いたいことがあるときは泣かずに言葉にするなど、集団生活の基本を身につけたいものです。

　また、道路に飛び出さない、物を大切に扱う、お友達に危害を加えない、外遊びの後や食事の前には手を洗うなど、安全面や衛生面、公共の場でのマナーも徐々に意識づけてください。

[園生活に適応できる体力]

　毎日の通園、集団活動、行事などをこなすためには体力も必要です。公園などでの外遊びを習慣化したいものです。体力は日常生活の中でも身につきます。普段、お子さんは体を動かしていますか。歩ける距離でも車やベビーカーを利用していないでしょうか。出かけるときは子どもが自分の足で歩く機会をできるだけ持つようにし、駅ではエレベーターやエスカレーターではなく階段を使うようにすると、次第に体力がついていきます。

● 入園までに身につけておきたいこと

□ 母子分離ができる
□ 普段と異なる環境でも平常心で過ごせる
□ 初対面の人とも会話ができる
□ 人の話を最後まで聞ける
□ 自分や家族について話せる
□ お友達と遊べる
□ 一人で着替えられる
□ 一人で食事ができる
□ おはしを正しく持てる
□ 一定時間落ち着いて座っていられる
□ 一人でトイレに行ける
□ 自主的に手洗い、うがいをする
□ 道具を正しく扱える
□ 自分の持ち物を管理できる

入園試験とは

入園試験には先生と1対1で行う個別テスト、グループで行う集団テスト、面接などがあります。
年齢相応に発達し集団生活が送れるか、どのような保護者かを見極めるのが主なねらいです。
テストの種類や組み合わせは幼稚園により異なるので、よく調べて準備をしましょう。

［ 個別テスト ］

個別テストでは、知力の発達を見る課題が出題されます。出題は先生が絵や具体物などを示しながら質問し、子どもが口頭や指さしなどで答えるという形式が一般的です。出題範囲は、言語、常識、記憶、推理、数、構成、巧緻性、生活習慣、指示行動など多岐にわたります。

■出題例

言語…「お名前は何ですか」「今日はどうやって来ましたか」「朝ごはんは何を食べましたか」などと質問される。

常識…日用品が描かれた絵本を見て、それが何か答える。動物の絵カードを見て鳴き声を答える。

記憶…模擬の果物などを見せられ隠された後、何があったか答える。

推理…中を見ずに箱の中に入っているものに触り、それが何か答える。

数…13個のチップを、3枚のお皿に4個ずつ分ける。バナナ2本、リンゴ3個が描かれた絵を見て、どちらが多いか答える。

構成…お手本と同じように積み木を積む。パズルを完成させる。

巧緻性…指定された色のクレヨンでお手本と同じように色を塗る。

生活習慣…ボタンのついたスモックを着てボタンをかけ、ボタンを外して脱ぎ、たたむ。

指示行動…用意されているものの中から「イチゴを2つ取ってきてください」などと指示される。

もちろんすべての園で全部の項目が出るわけではありませんが、項目が多い園はあります。逆に個別テストがない園もあります。

［ 集団テスト ］

グループごとに行動観察、読み聞かせ、歌・リズム、身体表現、運動などを行います。行動観察は集団活動への適応力、年齢相応の基本的な生活習慣、社会性、協調性があるかどうかが観点です。また、行動観察の一環として、親子遊びや親子課題を取り入れているところが多いのが、幼稚園入試の特徴です。親は単に子どもの作業を手伝えばよいというわけではなく、日ごろの親子のかかわり方や育児に対する姿勢が問われます。

運動は運動機能の発達状況と、先生の指示通りに行動できるかを確認します。

■出題例

行動観察（親子遊び）…ボール、パズル、トランポリンなど用意されているもので親子で遊ぶ。

行動観察（親子課題）…用意されている材料や文具を使い、テーマに沿ったものを親子で作る。

行動観察（自由遊び）…おままごと、お絵描き、積み木、ブロック、電車、お人形など、用意された玩具で思い思いに遊ぶ。

行動観察（ゲームなど）…数人のグループでカード取りゲームなどをする。

読み聞かせ…先生が紙芝居や絵本を読んだ後、内容について質問する。

歌・リズム…音楽に合わせて歌いながら先生のまねをして手遊びや体操をする。

身体表現…みんなで手をつないで輪になり、輪を広げたり小さくしたりする。

運動…平均台を渡ってジャンプで降り、ケンケンをする。マットの上でゴロゴロ転がる。

面接

ほとんどの幼稚園で、子どもと保護者あるいは保護者のみの面接を行っています。実施されるのは考査日前の指定日、考査当日、考査日後などです。子どもの考査中に保護者面接を行うところや、集団親子面接を行うところ、第一、第二と2回面接を行うところもあります。指定された期間から面接日時の希望を出せる園もありますが、希望通りになるとは限りません。面接の順番は受験番号順や生年月日順などです。

受験する本人は2～4歳の幼児のため、幼稚園受験の合否における保護者の要素は大きく、「子ども2：保護者8」と言われるほど。面接では家庭の教育方針、日常生活、園に対する理解、教育活動への協力の姿勢、園に伝えたいことなどが問われます。両親でよく話し合い、考えをまとめておくことをおすすめします。

面接資料・健康診断書

幼稚園によっては、出願時や出願後、考査当日などに面接資料の提出を求めることがあります。主にアンケート形式で、質問項目は志望理由、子育てで大切にしていること、子どもの性格、園に伝えたいことなどが見られます。記入欄は3行程度のものもあれば、B5判の用紙1枚分のものもあり、スペースが狭いと書きたいことをまとめるのが難しく、スペースが広いと文章が散漫になりやすいなど、どちらも注意が必要です。

このほか言語の発達、着替え、食事や排せつの自立、起床と就寝の時間などを確認するケースもあります。これらの内容について面接で質問されることが多いので、丁寧に回答したいものです。

また、出願時に健康診断書を提出することもあります。受診先の指定がある場合や、診断書の作成は身内以外の医師に限るなどの条件がつく場合がありますので、よく確認しましょう。

抽選

国立大学附属幼稚園では、募集定員を上回ったときに抽選を行う園があります。まず抽選をして人数を絞ってからテストを行い、合格者を対象に再度抽選をして最終合格者を決めるところや、最初にテストをしてから抽選をするところ、先に抽選をしてからテストを行い合格者を決めるところなどさまざまです。場合により、年齢や性別ごとに抽選日時が細かく分かれたこともあります。受験する園の方式を把握しておくことが大切です。

幼稚園はこんな子を求めている

情報をしっかり調べて、受験する側から幼稚園を選ぶことも大切ですが、
幼稚園側から選ばれるということも重要です。
幼稚園は、下記のような子どもたちを求めて試験を行い、入園児を決めているのです。

［ 幼稚園が求める子とは ］

多くの私立・国立幼稚園が理想とするのは、自分で考えて正しく判断し、進んで行動する子、情操の豊かな子、健康で気力と体力が充実し、意志の強い子などです。言い換えれば、基本的な生活習慣が身についている子、素直に自分を表現できる子、我慢のできる子、遊びの上手な子などが挙げられます。

だからといって、小さいときから訓練されている子が望ましいわけではありません。日常生活の中で親という生きたお手本をかがみとし、愛情を持って育てられた子どもや年齢にふさわしい基本的な生活習慣が身についた子ども、また、年齢に応じた体力や社会性が健全に育ち、明るく素直で生き生きとしている子どもが望まれます。

［ 合否は親子を総合的に見て判定 ］

幼稚園は、子どものテストの結果だけを見て、合否を判定するわけではありません。親の役割も大変大きく、面接や親子テスト、願書や面接資料などの出願書類を総合的に見て合否を判定しています。親と子が一体となって受験対策をする中で心掛けたいのは、元気よくあいさつができ、名前を呼ばれたときにはっきりと返事ができること、集団で遊んでいるときには、お友達と仲よく積極的に工夫して楽しむこと、お友達から何かしら干渉を受けたときに、自分の意見も言いながら出過ぎず、殻に閉じこもらず、積極性を持って人の言い分もよく聞くこと、などです。

急いで完璧な子どもにしようとせず、できることから一つずつ積み重ね、親自身も成長していくことが重要となるでしょう。テスト当日に親のもとを離れて会場へ向かうと、それまで不安でいっぱいだった子どもたちも、先生方の優しい誘導で気持ちがほぐれると遊び始め、普段の表情が表れます。たとえ緊張していたとしても、それまでに培われた個性は、先生方にも自然に伝わります。そのままの姿を見ていただくという自信を持って、お子さんを送り出してください。

歓迎されない親のタイプとは

子どもへの接し方は、優し過ぎても厳し過ぎてもいけません。人としてバランスのとれた
教育を心掛け、親自身もともに成長していきましょう。下に5つの親のタイプを挙げましたので、
ご自身にあてはまるところはないか、普段の言動をふり返ってみてください。

Pattern 01　過保護型

あまりにも世話を焼き過ぎると、引っ込み思案で依頼心が強く、忍耐力がない子になってしまいます。自分から行おうとする意欲がないと、生活習慣もしっかり身につかず、集団生活への適応力に疑問符をつけられてしまいます。

Pattern 02　知育偏重型

子どもの発育段階を無視して現在の能力以上の高い要求をすると、頭が混乱して自信のない子になってしまいます。極端に失敗を恐れるようになり、自分から積極的に何かに取り組もうとする意欲が表れにくくなります。

Pattern 03　過干渉型

行動を始終親に監視されているような、命令・禁止・抑制の多い環境では、自立心や意欲に欠ける子になります。親や他人から指示をされないと、何もしようとしない、何もできない、何をするにも親の顔色をうかがう子になりがちです。

Pattern 04　自己中心型

子どもの目の前でも何かにつけて間違いを他人のせいにし、自分では責任を取ろうとしない親がいます。そのような親の姿を見ていると、社会性・協調性に欠けるようになり、無責任な行動を取って集団から孤立する子になってしまいます。

Pattern 05　溺愛型

親にかわいがられてわがままが通ることが多いため、ほかの人に対してもわがままが出て、子ども同士でトラブルが起きやすくなります。親の前ではよい子でも、ほかの子となじめなかったり、弱い子をいじめたりする子になってしまいます。

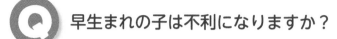

お受験 Q & A

Q 早生まれの子は不利になりますか？

A 　幼児の成長は、月齢によって大きく変わってきます。一部の私立幼稚園では早生まれを考慮して、統計的な処理をするところもあります。また一部の国立幼稚園では誕生月を4ヵ月ごとに分けて選考し、成長の差が合否の判定に影響しないようにしています。中には月齢に関係なく選考する幼稚園もあるので、詳しいことは説明会に参加して確認しておくことが大切です。

Q いつごろから入園に備えればよいでしょうか？

A 　厳密には、受験はお子さんが生まれたときから始まっているといえます。ご両親どちらかの出身園であれば、誕生直後から受験を意識した育て方ができるかもしれません。中には、お子さんの首の据わらない時期から幼児教室に通わせているご家庭もあるくらいです。一般的には、お子さんがハイハイして動けるようになったころと考えてよいようです。

Q 両親の姓が違う場合、ミッション系の幼稚園には入園できないのでしょうか？

A 　日本では宗教上の理由や、ご両親の姓が違うという理由だけで入園を認めないことはありません。合否の判定基準はご両親の考え方や人柄が大きく、合格したご家庭は、幼稚園が歓迎してくれるだろうと思える要素を持っていることが感じられます。とはいえ、それぞれご家庭の事情もあると思いますので、気になる方は幼稚園に相談されるとよいでしょう。

Q 面接の模範回答はあるのでしょうか？

A 　ありません。面接の時期になると、このような質問をする保護者の方が増えてきます。もし模範回答があって、皆さんが同じ答えで応じたら、面接する先生方はさぞ驚かれることと思います。言葉遣いや服装など表面的なことを気にする方が多いのですが、幼稚園としては普段のご家庭の在り方を見たいのです。お子さんへの接し方や教育方針をもう一度確認してください。

 志望する園の関係者が周りにいないと不利でしょうか？

　　このようなうわさが絶えないのが幼稚園受験の特徴でしょうか。保護者の方の間では、いつの時代でもこの種のうわさが流れているようです。基本的に合否基準には、関係者や紹介者の存在は無関係と考えてください。ただし、関係者がいる方より園への理解度が低いと思われるかもしれません。しっかり園について調べ、熱意を持って試験に臨みましょう。

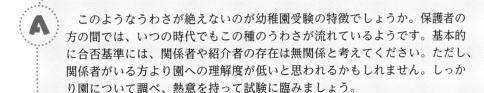 兄や姉が入園していると弟や妹が合格しやすいのですか？

　　兄や姉が入園していると弟や妹が合格する率は高いといえます。ご両親の面接の印象は変わりませんし、ご家庭の教育方針が同じであるのも強みでしょう。ただし、兄や姉の受験のときとは合格基準が変わっているかもしれません。そのことを考えると、ある程度の努力は必要ですし、ただ「きょうだいだから」というだけの理由で合格できるわけではありません。

 数や形の認識がまだまだなのですが、受験はできますか？

　　試験には行動観察や面接なども含まれますので、数や形の認識だけを理由に不合格になることはありません。しかし、年齢相応の数や図形への理解が望ましいのも事実です。3年保育では3、4くらいまでの数、図形は、○、△、□、2年保育では5くらいまでの数、図形は大きさの違う○、△、□の認識、また、具体物の類型化などができることが目安となります。

 言葉の発達が遅いのですが、受験はできますか？

　　心配し過ぎる必要はないと思いますが、試験の本番でも全く言葉が出てこないのでは困ります。面接で先生の質問に答えられないようでは、集団生活に対する適応力が乏しいと思われてしまい、なかなか合格はできないものです。受験の日までに、ご両親と一緒にいろいろな経験や刺激を増やしていくようにし、言語能力をできるだけ高めておきたいものです。

 人見知りするのですが、受験はできますか？

 　人見知りの原因として、圧倒的に多いのが経験不足です。知らない人と話した経験が少ないと自信がなく、不安になり口を開かない、という悪循環に陥りやすくなります。ただ、初対面の人に対して子どもが構えるのは当然なので、ご両親が「この人は大丈夫だから話してもいいよ」と安心させ、少しでも話せたらほめるという基本をくり返すことが大事です。

 親から離れられないのですが、受験に不利ですか？

 　子どもが親から離れられないのではなく、親自身が心配で離せないでいるケースが圧倒的に多いのです。いくらかわいくて心配に思っていても、成長の過程でいつかは思い切って手を離していかなければなりません。親と離れていても心配はない、楽しいこともある、ということをどれだけ経験しているかがポイントです。親から離れることにお子さんを慣れさせましょう。

 一貫教育の幼稚園で上級校に進学せず、
外部に出ることは可能でしょうか？

 　一貫教育の幼稚園から系列校ではなく外部の小学校に行くことは、基本的に不可能ではありません。しかし、系列上級校への内部進学の権利を保有したまま他校を受験することは、ほとんど認められていません。内部進学の権利を放棄して他校を受験するということであれば可能と思われますが、幼稚園ごとに違いますので、事前に調べておきましょう。

 親が志望園以外の出身の場合、
子どもの合格は難しいのでしょうか？

 　そういうことは全くありません。たとえ親が志望園以外の出身でも配偶者との出会いや人とのかかわりなど、さまざまなきっかけでそれまでとは異なる価値観が芽生えることもあり、特に問題視されることはありません。ただし、子どもを入園させたい一心で、志望する園と比較して出身園のことを悪く言うようなことがあると、悪い印象を与えかねません。

受験までの流れと出願の基礎知識

わが子を私立や国立の幼稚園に入園させたいと思った日から、受験
準備は始まるといえます。いつごろ何をすればよいかを確認し、着
実に準備を進めましょう。出願書類の記入や提出方法にも細かい指
定があります。間違えないよう、よくチェックしましょう。

- 受験準備を始める前に
- 出願資格を確認しよう
- 出願書類の種類
- 出願期間と出願方法
- 入園願書・面接資料の主な記入項目
- 出願書類の書き方　入門編
- 出願書類の書き方　実践編

受験準備を始める前に

幼稚園受験は本人はもちろん、家庭にとっても初めての経験という場合が多いもの。
入園試験はいつ行われるのか、準備はいつごろから何をどのように進めていけばよいのか、
入園手続きまでの流れをあらかじめ頭に入れておきましょう。

[受験準備で行うこと]

幼稚園の入園試験は首都圏では主に10〜12月に行われます。3年保育の場合は子どもが2〜3歳のときに受験することになります。準備開始の時期は、子どもが生まれて間もなくのころからという例もあれば、入試直前の夏から、などさまざまです。幼児教室に通う場合、新年度クラスは入試の約1年前の11月からスタートします。受験準備で最初に行ったほうがよいのは幼稚園の情報収集です。正しい情報を集め、説明会や見学会に参加して検討し、志望園を選んでいきます。それと並行して試験の対策を進めます。幼稚園が望む力の多くは、日常生活や遊びの中で身につけることができます。また幼児教室では、さまざまな活動を通して興味・関心の幅が広がったり、お友達とのかかわり方を学べたりするなど、効果的な指導を行います。

[説明会に参加しよう]

5月ごろからは幼稚園説明会が始まります。雰囲気を直接確かめられる貴重な機会なので、なるべく参加するようにしましょう。9〜10月の直前期に入試関連の説明会をする園もあります。

願書の配付方法や配付期間、出願方法と出願期間は幼稚園により異なります。複数の幼稚園を受験することが多いと思いますが、書類の不備や手続き漏れがないようにしてください。

入試前年の			
11月〜4月	幼稚園受験決定 対策スタート 情報収集	インターネットやガイドブックなどを利用し、幼稚園の情報を集めましょう。周囲に在園の方がいれば話を聞いたり、普段の園の様子を見に行ったりするのもよいでしょう。体験入園を実施している場合は参加するのもおすすめです。できるだけ多くの情報を集め、志望園を絞り込んでいきましょう。	
5月〜8月	幼稚園説明会 見学会	幼稚園の教育理念や特色などを先生方がお話しする説明会や見学会が開かれます。土・日曜日に行われることが多く、Webやはがきなどで申し込みが必要な園もあります。日程が重なることもあるので、気になる園の説明会には、入試の前年から参加するなど綿密な計画を立てることが大切です。	
9月〜10月	入試関連説明会 願書配付 願書提出	幼稚園によっては春から夏の説明会とは別に、入試関連情報を中心とした説明会が行われます。説明会当日から願書配付を開始する園や、出願するためには説明会参加が必須という園もあります。願書提出は窓口、郵送、Webなど園によって方法が異なるのでよく確認して手続きをしてください。	
11月〜	入園試験 合格発表 入園手続き	幼稚園から指定された日に試験を受けます。出願と同時に試験を行う幼稚園もあります。合格発表は当日や後日に行われ、方法は園に掲示、郵送、Webで確認などです。入園手続きは合格発表と同日という園も多いので、あらかじめ手続き方法を調べて納付金などを準備しておくようにしましょう。	

出願資格を確認しよう

幼稚園が指定している資格を満たしていなければ、入園することはできません。
どの園でも定められているのは年齢条件です。通園・居住区域を限定している園もあります。
出願直前に資格がないことが判明し慌てることにならないよう、早めに確認することが大切です。

主な出願資格

出願資格は各幼稚園の募集要項に記載されています。応募資格、入園資格などと表記されている場合もあります。主な資格は以下の通りです。

年齢：どの幼稚園も出願資格として生年月日を指定しています。各学年とも４月入園の出願資格は、４月２日生まれ～翌年の４月１日生まれです。

＜記載例＞
○年保育　○○年４月２日～○○年４月１日に生まれた者

区域：国立幼稚園や一部の私立幼稚園では、通園・居住区域を限定しています。保護者との同居や、徒歩通園を条件にしている園もあります。ただし、区域制限がない園でも、子どもへの負担は考慮してほしいと考えています。志望園を検討する際は通園経路や所要時間も調べ、無理なく通園できるところを選びましょう。

出願資格と区域制限の例

お茶の水女子大学附属幼稚園：保護者と同居している者。出願時に指定の地域（幼稚園から半径およそ３km内）に在住する者。徒歩または公共の乗り物を利用して通園する者。以上すべて入園後の在園資格ともなる。受検のための寄留（一時的な住所変更）は認めない。

東京学芸大学附属幼稚園小金井園舎：願書出願時点で保護者とともに居住している（住民票のある）住居から本園までの通園時間が、徒歩・公共交通機関・自転車により（車利用は不可）１時間程度の範囲。保護者または代わりの者がつき添い通園できる者。保護者が入園希望者説明資料確認済みであること。

東京学芸大学附属幼稚園竹早園舎：入園願書提出の時点で保護者とともに東京23区内に居住し、自宅から園まで幼児が徒歩または公共交通機関で35分程度までで通園できる者。入園後もこの地域内に保護者とともに居住する者。受験のための一時的な住所の変更は一切認めない。

埼玉大学教育学部附属幼稚園：保護者または代わりの者がつき添い、徒歩で通園できる者。指定日現在通園区域に在住する者（入園後、通園区域より転居した場合は退園）。

千葉大学教育学部附属幼稚園：千葉市内の指定地域に、指定日現在保護者とともに居住し徒歩または公共交通機関で通園できる者（指定地域外への転居や出願時の住所に常時居住の実態がない場合は入園取り消し、または退園）。

桐朋幼稚園：指定区域に居住していること。利用する交通機関は２系統まで（乗り換えは１回）。通園時間60分以内、乗車時間40分程度まで。

日本女子大学附属豊明幼稚園：通園時間約45分（徒歩および公共交通機関を利用）。

雙葉小学校附属幼稚園：通園時間60分以内。

自家用車での送迎について

首都圏の多くの幼稚園が通園は徒歩や公共交通機関のみとしていますが、自家用車での送迎が可能な園もあります。ただそのすべてで駐車場を用意しているというわけではなく、事前に要相談、近隣の駐車場を利用すること、などの条件があったりしますので、必ず条件の有無を確認しましょう。

出願書類の種類

出願時に提出する書類は余裕を持って準備したいもの。出願書類を入手したら、
すぐにやるべきことをリストアップし、手続きのスケジュールを立てます。
必要書類の把握や健康診断の受診などは早めに済ませ、書類の作成をじっくり進めるとよいでしょう。

主な出願書類

幼稚園ごとに必要となる出願書類は異なりますが、
主な出願書類の種類と作成する際の注意事項を確認しておきましょう。

入園願書
志願者の氏名、生年月日、現住所、保育歴、アレルギーの有無、保護者の氏名と続柄、同居の家族構成と続柄および生年月日、志望理由などを記入します。

健康診断書
かかりつけ医か幼稚園指定の医療機関に持参し、診断後に記入・捺印してもらいます。子どもの体調や休診日などを考慮し、早めに済ませるのがベスト。

写真票
写真は願書に貼付する園が多いのですが、写真票がある園もあります。写真は貼る前に裏に氏名を記入します。白黒、カラーなどの指定にも注意を。

その他
受験料払込証明書、選考結果通知用封筒、面接日時連絡票、面接日時連絡票返送用封筒、母子手帳のコピーなど、幼稚園の指示に従ってください。

家庭調査書
面接資料として願書のほかに書くものです。幼稚園により質問項目が異なります。どのようなことを知りたいのか、その幼稚園の特徴が表れる部分です。

書類作成は
じっくりと
時間をかけて

Q. 試験官に好印象を与える写真とは？
A. 家庭環境がうかがえる工夫が必要

　願書などに添える場合は、写真館などで撮影した写真を用いるのが原則といえます。注意書きに「スナップ写真可」と明記されていても、ラフ過ぎる服装は避け、自宅での撮影では背景がシンプルな場所を選びましょう。撮影時期は出願の3ヵ月以内が目安ですが、子どもは成長が著しいので、数ヵ月で印象が変わることがあります。3ヵ月前に予備撮影を行い、1ヵ月半前に本撮影をするなど、二段構えにしておくと安心です。家族写真を提出する幼稚園もあります。家族の範囲は記入上の注意を読み判断しましょう。写真の説明欄があれば、撮影日のほかに、「ピアノの発表会後の家族写真です」など、一言添えると印象が違います。

Q. 健康診断書にチェックが入りました
A. 通園に支障がなければ問題ナシ！

　健康診断書の提出を幼稚園側が求めるのは、通園して集団生活ができる健康状態かどうかを知ることが目的です。提出段階では、通園可能であることが証明できさえすればよいのです。

　虫歯や中耳炎など短期間の治療で治る見込みのものはもちろん、ぜんそくなど投薬で事前に予防できる程度のものなら、原則として問題はないとみて大丈夫でしょう。困るのは、出願時には異常なしと診断されても、入園後の健康診断で視力や聴力、心臓の異音など小さな異常が見つかった場合です。そのようなときに不利にならないよう、医師に「至急の治療は必要なし」など幼稚園生活に支障はないという所見を明記してもらいましょう。

出願期間と出願方法

出願期間や出願方法は、幼稚園ごとに細かく定められています。出願期間に間に合わない、
書類に不備があるなどして指示通りに出願しないと入園願書を受け付けてもらえず、
受験できません。幼稚園が指定した日時に、指示された方法に従って、確実に出願をしましょう。

［ 幼稚園の指示に従い出願を ］

出願日は多くの幼稚園が数日の期間を設けていますが、1日のみ、あるいは2日間のみという園もあります。また、日によって受付時間が変わったり、募集学年によって受付日や時間が異なったりすることもあります。日にちだけではなく、曜日や時間にも注意して準備しましょう。

出願方法は主に郵送か窓口提出です。郵送方法は「特定記録」「配達日指定」「書留速達」「簡易書留速達」などがあります。必ず幼稚園の指示に従ってください。配達日指定以外の園は、消印有効か期間内必着かに注意し、間に合うように発送しましょう。幼稚園に直接持参する窓口提出の場合は、受付日と時間の確認を忘れずに。期間内であっても、土曜は午前中のみ、日曜・祝日は休みなどということがあります。願書受付順に受験番号が決まる幼稚園では、若い番号をもらおうとするあまり、願書受付初日の早朝から並んでしまう保護者もいます。近隣への迷惑になりますので、良識ある行動を取りましょう。

［ Ｗｅｂ出願の幼稚園が増加 ］

近年、インターネットで出願手続きを行う幼稚園は年々増え、青山学園幼稚園、川村幼稚園、暁星幼稚園、品川翔英幼稚園、白百合学園幼稚園、成城幼稚園、宝仙学園幼稚園、カリタス幼稚園、桐蔭学園幼稚園などが挙げられます。ネット上で出願完了や、登録後に書類を郵送など、幼稚園によって方法が異なります。受験票などを印刷する必要もあるので、手順をよく確認しましょう。

［ 入園検定料も忘れずに ］

出願の際には入園願書などの書類のほか、入園検定料も必要となります。願書を持参したときに受付窓口で直接支払う、指定された口座に振り込んだ後で振込証明書を郵送で提出する、など幼稚園によって方法が異なります。募集要項などを熟読し、どの方法なのかを確認しておきましょう。また、金額の間違いや締め切りを過ぎることがないように、注意することも必要です。

Q. 出願は受付開始からできるだけ早く行ったほうがよい？
A. 出願の早さと合格は関係ない

早く出願することで「志望の熱意を示したい」ということなのでしょう。しかし、説明会などでは「出願の順番で差をつけることはありません」と明言する幼稚園がほとんどです。

受験番号の割り振りにあたっては、願書受付順、五十音順、生年月日順を採用する幼稚園が多いようです。出願の早い遅いや縁起がよいといわれる番号が、合否を決めるわけではありません。

Q. 志望園が複数あるのでスケジュール管理が心配です
A. 幼稚園別一覧表を作成して把握する

複数園を受験する場合は、幼稚園別に説明会の日程、出願開始日、出願書類、出願方法などがひと目でわかる一覧表を作り、張っておくと家族で共有できます。そのほか、スマートフォンなど各自が管理しやすい方法を選ぶとよいでしょう。

入園願書・面接資料の主な記入項目

幼児の知力や能力は試験だけでは測れません。幼稚園入試では、
家庭環境や教育方針を知る手立てとなる入園願書や面接資料が、合否判定に影響します。
内容について面接で質問をされることを考慮しながら、両親が話し合って記入することが肝要です。

何をどう書くか？

入園願書や面接資料で代表的な質問項目と、どこに注目し、
どのように回答すればよいのか、書き方のポイントを見ていきましょう。

志望理由

家庭の考え方を知り、園に対する理解度を測るための重要な項目。志望園の特色や教育方針を把握し、家庭の教育方針と一致していることを伝えます。

家族状況

氏名・続柄などは戸籍謄本通りに。家族欄は父、母、子ども（年齢順）、その下に祖父母を記入します（記入方法は幼稚園の募集要項に従ってください）。

子どもの健康状態

通園できる健康状態かどうかの回答が求められています。アレルギーや既往症があれば正直に伝え、毎日の生活に支障のないことを丁寧に説明します。

家庭のしつけ教育方針

普段子どもに伝えていることがしつけであり、教育方針といえます。子どもへの接し方について改めて両親で話し合い、文章にまとめてみましょう。

子どもの性格

家庭や外出時などでのエピソードを織り交ぜて、親の視点でまとめます。長所から書き始め、短所でも親の見守る姿勢がわかるよう前向きな表現を。

記入ポイントを押さえましょう

Q. 志望理由を書くときのポイントは？

A. 家庭の教育方針を具体的にまとめる

　幼稚園側が志望理由を書かせるのは、志望園のことをどれくらいわかっているか、入園する意思があるかどうかを見ているからです。まずは幼稚園の教育方針を理解し、家庭の教育方針と一致していることを伝えます。ただ、それだけでは説得力に欠けてしまう場合もあります。そのため、親自身の体験や子どもの言動などを具体例として挙げ、どのような考えを持って子育てをしてきたのかがわかる文章にすることが大切です。本書の3章で幼稚園別の出願書類の記入例を紹介しています（P.39〜82）。実際のものとは異なる部分もありますが、具体的な文章と書く際のポイントも掲載していますので、参考にしていただければと思います。

Q. 備考欄や自由記入欄には何を書く？

A. 幼稚園の指示があるかまずは確認を

　願書や面接資料に備考欄や自由記入欄を設けている幼稚園もあります。家族構成の横に備考欄があるときは、保護者の職業や最終学歴などを記入する場合が多いようです。また、特に指定がない場合は、海外生活の経験や保護者の出身園であることなどを記入してもよいでしょう。中には「学生生徒は学校名・学年など」と、きょうだいの通っている学校を書くように指定している幼稚園もあります。なお、3章の「出願書類記入例」でも備考欄や自由記入欄の記入例を紹介していますが、どこの園でも例のように書かなければいけないというわけではありません。募集要項や願書の注意書きなどをよく読み、その指示に従って書いてください。

出願書類の書き方　入門編

書き始める前に注意すること

入園願書や面接資料を書く前に考えておくことは、志望理由や家庭の教育方針、
子どもの性格やどのように育ってほしいか、などです。内容がまとまったら実際に書き始めますが、
その際に気をつけるべきことがあります。下記の5点を頭に入れておきましょう。

書類は早めに準備

幼稚園入試は、願書の提出からすでに始まっています。願書作成など出願書類の準備は志願者の保護者にとって最初の関門です。「提出日の前日にでも書けばいい」と考えている方もいるようですが、甘く見ていると失敗しかねません。同時に提出する書類や写真の手配、記入にも細心の注意が必要です。

出願書類は幼稚園側が家庭の教育方針や子どもの状態を知る手掛かりとなり、面接の参考資料にもなります。募集要項を早めに入手してよく読み、万全の準備をしてください。

記入方法を確かめる

願書は文字通り「お願いの書」ですから、間違いのないよう丁寧に書く必要があります。そのためにも、募集要項と記入方法をよく確認することが大切です。願書には志願者の写真のほか、家族写真の貼付や住民票の写しなどの添付を求める幼稚園もありますから、十分に注意してください。幼稚園によっては欄外に注意書きをつけて、記入方法についてわかりやすく説明しているところもあります。また、記入例を別紙として渡す幼稚園もありますので、それを参考にしましょう。

願書の予備を用意

好印象を与えるような願書を書くためには、記入方法を確認するとともに、前もって願書を2部求めておくか、下書き用にコピーを数枚取っておき、書き間違いを防ぐことが大切です（下記イラスト①参照）。

志願者の氏名、生年月日、現住所、電話番号、保護者の氏名、保育歴、家族の氏名と年齢などの欄に記入することは特に難しくありません。「志望理由」「志願者の性格」などの記入時に悩んで、書き損じてしまうことがあるため、下書きをしてから清書すると安心です。

文字や表現に注意

・募集要項、記入方法を再確認し、その指示に従いましょう。
・筆記用具の指定がある場合は、それに従います。指定のない場合は、原則として黒インク、または黒のボールペンで書きます。消えるインクのボールペンの使用は避けましょう。
・文字は楷書で一点、一画を丁寧に書き、表現にもよく配慮しましょう。
・誤字、脱字、当て字に注意しましょう。
・文体は「……だ」「……である」より、「……です」「……ます」と書くほうが望ましいでしょう。

読み返してコピーを取る

願書はもとより、受験に関連して幼稚園に提出する書類は、書き終わったら必ず読み返しましょう。両親が別々に読み、間違いのないことを確認してから、幼稚園に提出するようにします。

出願書類はすべてコピーを取っておくことが大切です（下記イラスト②参照）。それは面接の際、記入された内容に基づいて幼稚園側が質問するケースが多いからです。書いた内容と答えに食い違いがあると、疑問に思われることがあります。両親のどちらが質問を受けてもきちんと答えられるように、何度も読み返し、内容を確認しておきましょう。

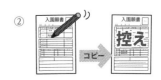

願書の

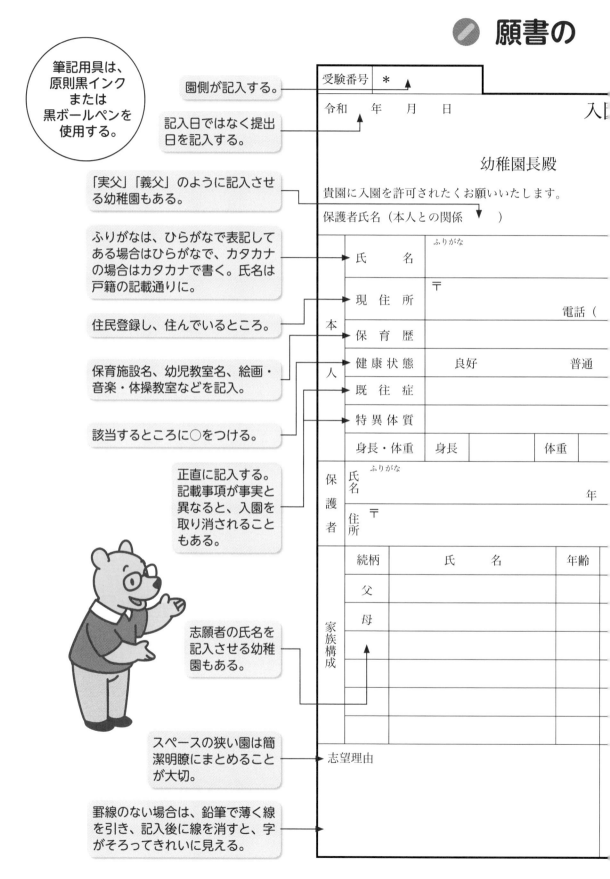

筆記用具は、原則黒インクまたは黒ボールペンを使用する。

園側が記入する。

記入日ではなく提出日を記入する。

「実父」「義父」のように記入させる幼稚園もある。

ふりがなは、ひらがなで表記してある場合はひらがなで、カタカナの場合はカタカナで書く。氏名は戸籍の記載通りに。

住民登録し、住んでいるところ。

保育施設名、幼児教室名、絵画・音楽・体操教室などを記入。

該当するところに○をつける。

正直に記入する。記載事項が事実と異なると、入園を取り消されることもある。

志願者の氏名を記入させる幼稚園もある。

スペースの狭い園は簡潔明瞭にまとめることが大切。

罫線のない場合は、鉛筆で薄く線を引き、記入後に線を消すと、字がそろってきれいに見える。

受験番号 ＊

令和　　年　　月　　日　　入

幼稚園長殿

貴園に入園を許可されたくお願いいたします。

保護者氏名（本人との関係　　）

本人	氏　　　名	ふりがな
	現　住　所	〒　　　　　電話（
	保　育　歴	
	健　康　状　態	良好　　　　普通
	既　往　症	
	特　異　体　質	
	身長・体重	身長　　　　体重
保護者	氏名	ふりがな　　　　　年
	住所	〒

家族構成	続柄	氏　　名	年齢
	父		
	母		

志望理由

書き方参考例

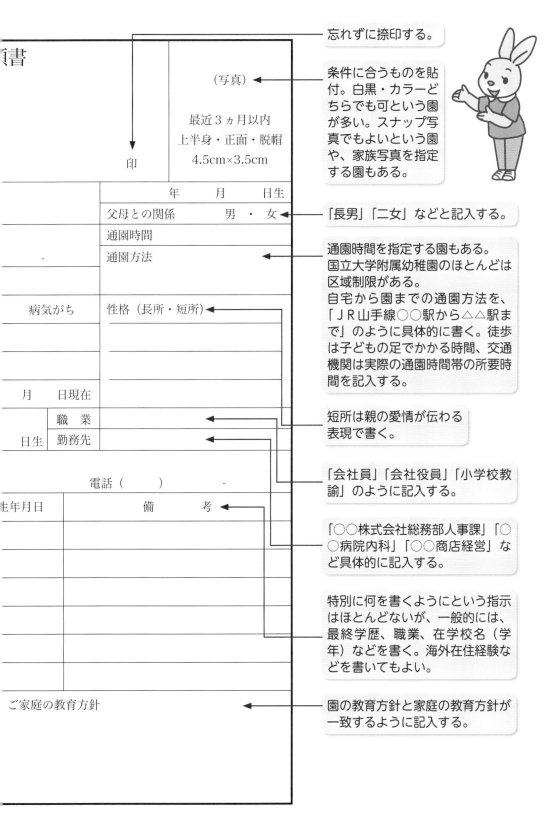

忘れずに捺印する。

条件に合うものを貼付。白黒・カラーどちらでも可という園が多い。スナップ写真でもよいという園や、家族写真を指定する園もある。

「長男」「二女」などと記入する。

通園時間を指定する園もある。国立大学附属幼稚園のほとんどは区域制限がある。
自宅から園までの通園方法を、「JR山手線○○駅から△△駅まで」のように具体的に書く。徒歩は子どもの足でかかる時間、交通機関は実際の通園時間帯の所要時間を記入する。

短所は親の愛情が伝わる表現で書く。

「会社員」「会社役員」「小学校教諭」のように記入する。

「○○株式会社総務部人事課」「○○病院内科」「○○商店経営」など具体的に記入する。

特別に何を書くようにという指示はほとんどないが、一般的には、最終学歴、職業、在学校名（学年）などを書く。海外在住経験などを書いてもよい。

園の教育方針と家庭の教育方針が一致するように記入する。

文章表現と表記の仕方

志望理由や家庭の教育方針などは、内容はもちろんのこと、文字の読みやすさ、
文章の出来不出来で幼稚園側が受ける印象が違ってきます。実践編となるこの節では、
どのような点に注意を払って書類を作成すればよいのかを具体的に説明していきます。

★好感度をアップさせる10の心得

1. 内容を吟味し、簡潔明瞭に書く

2. 主語と述語の関係は明確に

3. 文体を統一する

4. 文字ははっきり、丁寧に書く

5. 難解な言葉は使わない

6. マイナスの表現は言い換える

7. 敬語の使い方に注意する

8. 言葉は正しく理解して使う

9. 誤字・脱字は厳禁！

10. 書き上がったら何度も読み直す

＊入園願書の記入や面接に役立つ、敬語やポジティブ言葉の用語用例集として、さらに詳しく解説した弊社刊の『小学校・幼稚園 受験用語ハンドブック』をご覧ください。

心得その1 内容を吟味し、簡潔明瞭に書く

　最初から、優れた文章を書こうなどと気負う必要はありません。質問の意図を正しく理解し、自分なりの考えを述べることが求められています。書く内容をしっかりと吟味し、考えが定まったら、それを簡潔かつはっきりと、短い文章で要領よくまとめることに努めてください。だらだらとした長い文章は、先生方を飽きさせ、けっしてよい印象を残しません。

心得その2 主語と述語の関係は明確に

　子どものことをうまく伝えたいという気持ちが先走るあまりに、志望理由などを読んだ先生方が「これは誰のことを言おうとしているのか？」と困惑するケースがあります。

　主語は子どもなのか、それとも親なのかなど、誰が読んでもわかるように意識して書きましょう。「○○（誰）に、○○をさせたい」というように、主語と述語、目的語の関係を明らかにすることは、わかりやすい文章に欠かせない要素です。

これがポイント

・相手に語りかける気持ちで、とりあえず書いてみる。

・書き終わったら、誰かに読んでもらい、気になる点を指摘してもらう。

・話し言葉と書き言葉（文章）の違いに注意し、表現を整える。

これがポイント

・自分の意見を述べる場合、「親として」など立場を入れる。

・子どもの説明をする際は、親の主張や願望が混同しないように注意する。

最後まで読ませたら第一関門はクリア

膨大な数の書類に目を通す先生方にしてみたら、読みにくい文章では印象に残りません。
まずは「先生方に最後まで読んでいただく」ことが重要です。
誰にでもわかりやすくて印象に残るような文章表現のコツをマスターしましょう。

心得その3 文体を統一する

文体には、一般的に会話でよく用いられる「〜です」「〜でございます」などの敬体と、書き言葉に用いられることの多い「〜だ」「〜である」などの常体があります。

異なる文体が一つの文章の中に混在することは、必ず避けなければなりません。なぜなら文体がそろっていないと、ちぐはぐで散漫なイメージを読み手に与えてしまうからです。記述項目が複数にわたる場合は、特に注意が必要です。自分で書いた文章の間違いを発見するのは難しいので、記入したら両親が客観的な視点で読み合う、または第三者に読んでもらうなど、チェックを徹底してください。

なお、願書は「お願い」をするための書類ですから、敬体を用いて文章を作成するのがよいでしょう。

心得その4 文字ははっきり、丁寧に書く

出願書類に書く文字は、達筆である必要はありませんが、先生方がスムーズに読めるものでなければなりません。読みたくないと思われないように、注意して書きます。

文字は楷書で、丁寧に読みやすく書くように努めましょう。記入欄の枠からはみ出さないよう、スペースのバランスや配置にも気を配ってください。

心得その5 難解な言葉は使わない

出願書類は、レポートや論文などではありません。一般的でない漢語表現や難解な語句、外国語の使用は、適切かどうか注意を払うべきでしょう。かといって、流行語や若者言葉の使用は、軽薄なイメージを与えかねません。家族や仲間内など内輪でしか通じない言葉も使わないようにします。

また、誰にでも思いつく言葉、使い古された言葉や言い回しはできるだけ避けるべきです。型にはまった優等生的な文章も、先生方の心に届かない場合があります。

付け焼き刃で身につけた言葉や抽象的な表現ではなく、素直な自分の言葉で具体的に表現することを心掛けましょう。

心得プラスワン

「です」の不自然な使い方

「よろしくです」「……だったです」「なかったです」などという言い方を耳にすることがあります。丁寧なつもりかもしれませんが、むしろ稚拙と思われかねない表現です。

「ます」の使用例

「です」と同様に「ます」は、丁寧さや敬意を表すときに使います。出願書類では、「〜であると期待しております」「〜と存じております」などの表現によく用いられます。

これがポイント

- 文字は真っすぐに書く。
- 罫線がないときは、鉛筆で薄く線を引く(目安は幅8〜10mm)。
- 提出用紙には、鉛筆で薄く下書きした後に幼稚園指定のペンで記入を。

心得プラスワン

字がきれいな人が書くのも手

記入者の指定が特にないときは、両親のうち字がきれいなほうが記入されることをおすすめします。

心得プラスワン

「目線」はNG!?

「親の目線でわが子を見たとき……」といった表現も使われがちですが、この「目線」という言葉は、もとは映画・演劇・テレビ界の用語です。言葉に敏感な先生方には、軽薄だと思われかねません。改まった場では使わないほうがよいでしょう。

言い換えと敬語は表現を豊かにする

巧みな表現で書かれた文章は、読み手に好印象を与えます。
マイナス表現をプラスにする「言い換え」と、幼稚園側に敬意を表す「敬語」の使い方を理解し、
よりアピール度の高い出願書類を作成しましょう。

心得その6　マイナスの表現は言い換える

　出願書類の文章は、入園の意思を示すものでなければなりませんから、粗雑な言葉の使用や、家庭の印象を悪くする表現は避けるべきでしょう。子どもの性格や特質などを記入するにあたっては特に注意してください。

　たとえば、「優柔不断で何をするのにも時間がかかります」という短所でも、「慎重で何事も熟慮してから行動に移します」のように、長所に言い換えることができます。それだけで、先生方の受ける印象は大きく違ってきます。また短所も、「直すように努力中です」や「○○となるように導いています」などと家庭教育にふれてアピールしましょう。

心得その7　敬語の使い方に注意する

　志望理由などを書くときは、敬語（尊敬語・謙譲語Ⅰ・謙譲語Ⅱ〔丁重語〕・丁寧語・美化語）を正しく用いることが大切です。尊敬語とは、相手や第三者の行為・物事・状態などについて、その人物を立てて述べるものです。行為は「いらっしゃる、召し上がる」など、物事は「お名前、ご住所」など、状態は「お忙しい、ご立派」などが該当します。謙譲語Ⅰは、相手や第三者に対し自分がへりくだることでその人物を立てる表現です。「うかがう、お目にかかる」などがあります。謙譲語Ⅱ（丁重語）は、自分の動作を丁重に述べることで敬意を表します。「参る、申す」などです。丁寧語は相手に対して丁寧に述べるもので、「です、ます」が当てはまります。美化語は物事を美化する言葉です。「お料理、お菓子」などがあります。

　敬語の誤用でよくあるのが「おっしゃられる」です。「おっしゃる」は「言う」の尊敬語で、「〜れる」も尊敬語のため同じ種類の敬語が2つ重なる「二重敬語」になり、適切ではありません。また、「園長先生がお話しいたしました」の「お〜いたす」は謙譲語Ⅰ兼謙譲語Ⅱなので、目上の人の動作に使うのは誤りです。敬意を表したいときは「お話しになりました」または「おっしゃいました」とします。尊敬語と謙譲語を間違えないよう注意しましょう。

心得プラスワン
出願書類が引き立つ謙遜表現

自分がへりくだって相手を立てることを「謙遜」といいます。出願書類を書くときは、この気持ちを文章に織り込みましょう。たとえば、「わが子には内向的な面があり、一貫教育の中での切磋琢磨を期待し、志望しました」と書くより、「わが子が生きる力を育めるようお導きいただきたく、入園を志望しました」と言い換えて、幼稚園側を立てるのが効果的です。

また、「幼稚園→貴園」「聞く→拝聴する」「自分の考え→私見」「見る→拝見する」「読む→拝読する」「私たち→私ども」などと謙遜の表現（謙譲語）に言い換えましょう。

心得プラスワン
動作を敬語で表現してみましょう！

	相手	自分
会う	お会いになる 会われる	お目にかかる お会いする
与える	ご恵贈／ご恵投くださる	差し上げる 謹呈する
言う話す	おっしゃる	申し上げる 申す
行く	いらっしゃる おいでになる	うかがう まいる
教える	ご指導／ご教示 お教えくださる	ご案内する お教えする
借りる	お借りになる	拝借する お借りする
聞く	お聞きになる	うかがう／承る 拝聴する
来る	いらっしゃる お見えになる	まいる うかがう
訪ねる	お訪ねになる	うかがう お邪魔する
尋ねる	お尋ねになる	うかがう お尋ねする
食べる	召し上がる お上がりになる	いただく 頂戴する
見る	ご覧になる	拝見する
読む	お読みになる 読まれる	拝読する

仕上げのチェックは抜かりなく

「わかりやすい文章」と「読みやすい文字」で書くことができたら、いよいよ仕上げに入ります。
言葉の意味を正しく理解して使っているか、誤字や脱字はないかといった点に着目して、
何度も文章を読み直してください。チェックは念入りに行うことが大切です。

心得その8 言葉は正しく理解して使う

　志望理由や自由記入欄への記入にあたり、慣用句やことわざを用いるケースも多いものです。しかし、言葉の意味を取り違えてしまっては逆効果になってしまいます。言葉の意味が疑わしいときは、必ず辞書を引くことを心掛けましょう。

◎正しく使っていますか？

【教え子】教師側に立った語なので、生徒側から「教え子です」というのはNG。例「私は貴園のA先生のご指導を受けました」

【なおざり】おろそかにすること。「おざなり（いいかげんの意）」と混同しがち。例「学業をなおざりにしていては困ります」

【気が置けない】気がねなくつき合える。例「息子には、気が置けない友人をたくさんつくってほしいと願っています」

【私淑】直接の師ではないが、慕い学ぶこと。例「『福翁自伝』を拝読して以来、福澤諭吉先生に私淑しております」

心得その9 誤字・脱字は厳禁！

　志望理由などの文章は、パソコンを使って下書きをし、それを見ながら清書する方も多いようです。内容がよくても文字の間違いがあると印象が悪くなります。清書する前に、漢字の変換ミス、脱字、送りがなの誤りなどがないかよく確認しましょう。出願書類に用いることが想定される漢字の使用例を掲載しましたので（P.38）、チェックしてみてください。

心得その10 書き上がったら何度も読み直す

　読み直すことは当然なのですが、どこに着目してチェックするかが問題です。記述された文章はもちろんですが、やはり最終的には、基本である募集要項の「提出書類記入上の注意」の指示通りに書くことができているかが重要です。

　氏名欄の表記が「ふりがな」なのか「フリガナ」か、年齢は「才」なのか「歳」か、「数字は算用数字で記入」とあるのに漢数字で書いていないかなどを細かく確認します。このようなミスをなくすためにも、何度も読み直すようにしましょう。

心得プラスワン

意味の重複にも要注意！

◆今の現状　「現」は「今」と同意なので、「現状」でOK。今を生かすなら「今の状態」などとします。

◆あとで後悔する　先に悔やむことはないので「あとで」は不要です。

◆一番最初　「最」は、一番、最もの意なので「一番」は不要です。

◆有能な人材　「人材」は才能のある人のこと。「有能な」は不要です。

◆第1番目　「第」も「目」も物事の順序を表すので「第1番」または「1番目」とします。

◆多くの人材を輩出した　「輩出」は才能のある人物が次々と世に出ることです。「多くの人材を世に出した」などとします。

心得プラスワン

「ら抜き言葉」はいけません

「見れる」「食べれる」「来れる」などは、「られる」とすべきなのですが、「ら」が抜け落ちた言い方が目立ちます。「好き嫌いなく何でも食べられます」「服は一人で着られます」など、よく用いることになりますので、気をつけましょう。

心得プラスワン

✓**最後はここをチェック！**

☐「ふりがな」と「フリガナ」を区別。

☐年齢は、「歳」にすることが好ましい。「年令」ではなく「年齢」を使用する。

☐算用数字（1、2、3……）か漢数字（一、二、三……）か一方に統一。

☐住所欄は「同上」と省略せずにすべて書き入れること（指示がある場合をのぞく）。

☐志願者との続柄は「父」「母」が一般的。

☐すべて募集要項にある「提出書類記入上の注意」の指示に従う。

間違えやすい漢字の使い方

同じ読み方でも意味によって異なる漢字を使う場合など、混同しやすい例を紹介します。
内容が優れていても、誤字や脱字がたった1字あるだけで悪い印象を与えかねません。
文字の取り扱いには細心の注意を払いましょう。

Check 1 同音異義語・同訓異字

あたたかい	心の温かい大人になってほしい		暖かい季節に生まれました	
あやまる	素直に謝る気持ちが大事		判断を誤りました	
いがい	意外によくできていました		わびる以外に方法はありません	
いし	意志の強い子です		友達と意思の疎通を図って行動するのが得意です	
いちり	長男の言い分にも一理ありました		百害あって一利なし	
いどう	人事異動で単身赴任しています		バスで移動中の出来事でした	
おう	元気過ぎて手に負えません		ようやく身長も友達に追いつきました	
がいこう	外向的で陽気な性格		英国に駐在する外交官	
かいほう	悩みから解放されました		開放的な園舎でのびのびと遊ぶ	
かえる	祖母の家に帰って遊びました		迷ったときは原点に返って考える	
かんしん	昆虫に関心を持っています		よく我慢したと感心しました	
きょうそう	徒競走で1等を取りました		よい競争相手を見つける	
こたえる	質問に答えてください		優しい笑顔で応えてくださいました	
しゅうりょう	予定通り終了しました		大学院で博士課程を修了	
じりつ	自立した女性になってほしいと願っております		自主および自律の精神を養う	
しんちょう	意味深長な発言		慎重に考えてから行動する	
そうぞう	子どもの未来を想像する		さまざまな体験を通して創造性を豊かにする	
たんきゅう	探求心が芽生えているようです		学問として探究する	
ついきゅう	理想を追求する生き方	責任を追及する	真理を追究する	
つとめる	好き嫌いをなくすよう努める	外務省に勤める	会長を務めています	
てきかく	感じたことを的確に言い表す		指導者として適格だと存じます	
どうし	きょうだい同士が力を合わせる		生涯の同志となる友人と出会う	
ととのう	入学準備が整いました		入学金が調いました	
のばす	個性を伸ばす教育方針		面接日を延ばすことはできません	
のぼる	階段を上る	山に登る	エレベーターで昇る	
まるい	顔の形が丸いのは祖父ゆずりです		円い人柄の祖母が大好きです	
ようい	入学願書を用意しました		ここまでの道のりは容易ではありませんでした	

Check 2 書き間違えやすい漢字 （赤字が正しい表記です）

後仕末→後始末	異和感→違和感	憶病→臆病	完壁→完璧	気嫌→機嫌
業積→業績	興味深深→興味津津	ご思→ご恩	散慢→散漫	純心→純真
招介→紹介	専問→専門	卒先→率先	貧欲→貪欲	中ば→半ば
脳力→能力	発詳→発祥	訪門→訪問	抱擁力→包容力	余断→予断

どのような項目があり、どう書くかがわかる！

有名幼稚園の出願書類記入例

出願書類は幼稚園により、種類や記入方法に特徴があります。また、発育状況に関する質問があるのは幼稚園受験ならではです。ここでは有名幼稚園の願書、面接資料、健康調査票などを集めました。記入例と記入のポイントを参考に、出願書類作成に臨んでください。

●出願書類の幼稚園別記入例

青山学院幼稚園／学習院幼稚園／光塩女子学院幼稚園／白百合学園幼稚園／田園調布雙葉小学校附属幼稚園／桐朋幼稚園／東洋英和幼稚園／雙葉小学校附属幼稚園／愛育幼稚園／麻布山幼稚園／枝光学園幼稚園／晃華学園マリアの園幼稚園／聖徳幼稚園／成城幼稚園／玉川学園幼稚部／日本女子大学附属豊明幼稚園／カリタス幼稚園／横浜英和幼稚園／安藤記念教会附属幼稚園／浅草寺幼稚園／伸びる会幼稚園

●出願書類のテーマ別記入例

【生活状況】白金幼稚園
【生活状況・健康状態】若草幼稚園
【健康状態】青山学院幼稚園／聖徳大学三田幼稚園／東洋英和幼稚園／道灌山幼稚園
【発育状況】麻布山幼稚園／サンタ・セシリア幼稚園

●出願書類の項目別記入例

【志望理由】星美学園幼稚園／明星幼稚園／洗足学園大学附属幼稚園／愛育幼稚園／サンタ・セシリア幼稚園
【志望理由・教育方針】聖学院幼稚園／湘南白百合学園幼稚園／東京学芸大学附属幼稚園小金井園舎
【志望理由・本人の性格】昭和女子大学附属昭和こども園
【共感した点】湘南学園幼稚園

※各幼稚園の出願書類を掲載していますが、あくまでも一部を抜粋したものであり、実際の書類とは異なる場合があります。また、出願方法や書類の種類、質問項目などは年度により変わることがあります。受験をする際は、必ず該当年度の募集要項と実際の出願書類をご確認ください。

【 青山学院幼稚園 】

* Web出願後に郵送　　資料1：家庭のようす（20××年度）

青山学院幼稚園

志 願 者 本 人 に つ い て					
1 フリガナ	シンガ　サトミ		性別	2 生年月日	西暦 20××年 ○月 ○日
志願者氏名	伸芽 里美		女		
3 フリガナ	シンガ　ゴロウ		志願者との	志願者の＿＿父＿＿	
保護者氏名	伸芽 五郎		続柄		
5 現住所	〒150 – ○○○○ 東京都渋谷区○○○△丁目○番△号				
6 集団生活 習い事等	① ＿＿＿＿＿＿幼稚園　　　　　年　月入園 週 回 　　＿＿＿＿＿＿保育園　20××年第1学期の 出席日数（　日）欠席日数（　日）				
	② ○○○○＿＿研究所　　週 1 回 　　＿＿＿＿＿＿教室				
	③ 教会学校に通っている場合は教会名 ○○○教会				
	④ その他（習い事等）				
7	通園する場合の利用交通機関と乗降駅　　　　　　　　　　　所要時間　約 35 分 自宅 ―徒歩5分― ○○○○○○ ―バス20分― 青山学院中等部前 ―徒歩5分― 青山学院幼稚園				

電車やバスの待ち時間を含め、子どもの足でかかる時間を記入する。入園案内に渋谷駅からはバス、徒歩とも15分、表参道駅からは10分として計算するよう指示あり

家 族 に つ い て				
8 氏 名	フリガナ シンガ　ゴロウ 父　伸芽 五郎（34歳）		フリガナ シンガ　チサ 母　伸芽 千沙　（32歳）	
9 職 業	会社員		専業主婦	
10 勤 務 先	○○○○株式会社△△部			
11 出 身 校	○○○大学○○○○学部		○○○○大学○○学部	
同居家族	12 氏　名	13 年齢	14 続柄	15 職業等（学生生徒は学校名・学年）
16 備考	保護者の海外勤務、転居の予定など、特記すべきことがあれば記入する。 家族で教会に通っている場合は教会名を記入する。			

 Point　集団生活や習い事などの欄は、子どもの成長過程を知らせるものであり、かつ面接の質問項目となることも踏まえて記入しましょう。保育園などの出席日数、欠席日数も漏れなく記入してください。③は、教会学校に通っていない場合は空欄でも差し支えありません。

1. 青山学院教育方針とスクール・モットーをお読みいただいたうえで、
   お子さんが青山学院で学ぶ意味をどのようにお考えになるかをお書きください。

　娘が生まれてから育つにつれて、昨今のような先を見通しにくい世の中にあってもほかの誰かのために率先して動くことができ、また周囲の人々を明るく照らすような温かい心を持った人間に育ってほしいという気持ちがより一層強くなってまいりました。貴学院のキリスト教信仰に基づく教育を通して、自分が神様から愛されている存在であることを実感するとともに、隣人も同じようにかけがえのない存在であることを理解して愛し、信頼して思いやることができるよう娘を育てたいと考えております。また自分を他人と比べることなく肯定し、神様からいただいた賜物を大切に磨いて、ゆくゆくは社会に貢献できる人間となってくれることを望んでおります。将来娘が愛と奉仕の精神を持ち、サーバントリーダーとして活躍できるようになることは、貴学院の一貫した教育方針のもと、貴園で「地の塩、世の光」となる礎を築くような体験を幼児期から重ね、その後も研鑽を積んでいくことによってこそ達成されると考え、志望いたしました。

2. 遊びを中心とした保育を通してお子さんに経験してほしいことはどのようなことですか。

　私どもは、娘を心ゆくまで遊ばせることを大切にしております。自分で興味のある遊びを発見し、満足するまで時間をかけて遊ぶこと、さらに工夫を重ねて遊びをより深められるよう見守っております。興味・関心の幅を広く持ち、創意工夫の種をたくさん持てるよう、いろいろなことを実際に体験させることを第一としております。季節ごとの行事を丁寧に行い、行楽を楽しみ、キャンプで自然に親しんだり、動物園で動物とふれ合ったりすることなども積極的に行ってまいりました。貴園の遊びを中心とした保育の中で、集中して根気よく続けることやうまくいかないときに工夫することの大切さ、発見の楽しさや驚き、成功したときの充実感など、ありとあらゆる経験が得られると思っております。また集団生活の中では、お友達と一緒に遊ぶことでより深い喜びや発見が得られると期待しております。お友達とうまくいかないこともあると思いますが、自分の気持ちをしっかり伝えること、相手の気持ちをよく聞いて理解することを学び、お互いを認め合ったうえで行動することも経験してほしいと願っております。

3. 子育てが楽しいとお感じになったエピソードと、子育てが難しいとお感じになった
   エピソードをお書きください。

　いろいろなことに興味を持てるよう、実際に体験させることを重視してまいりましたので、娘にはチャレンジ精神があり、家庭でも父親がする掃除や、母親がする料理などに興味を持ち、お手伝いをしたがります。娘と一緒にハンバーグを作ると、ひき肉をこねて形作るだけでも真剣な表情で取り組み、うまく焼けたときには素晴らしい笑顔を見せてくれます。その後の食事も達成感からさらにおいしく感じるようで、ご機嫌な様子の娘を見ている私どもも本当に楽しく明るい気持ちになります。無意識に手早く行っていたような家事も、娘と一緒にすることで親としても気づきがあり、日々の生活が色濃く鮮やかなものに感じられます。一方、時間に余裕がないときなどは、娘にチャレンジさせてあげられるような気持ちのゆとりが親になく、お手伝いをしたいと言われても断ったり、娘がしようとしていることを先取りしてしまったりして、がっかりさせてしまうことがあります。そのようなときに、子育ての難しさを感じております。

記入者＿＿＿＿＿＿＿＿＿＿ 伸芽　千沙

Point　青山学院のキリスト教に基づく建学の精神、大学までの一貫教育への理解が大切です。両親それぞれの経験を踏まえ、子育ての方針や考えが一致していることを具体的なエピソードを交えて述べることで、その家庭ならではの印象に残る願書になるでしょう。

【 学習院幼稚園 】

＊郵送で提出

入 園 願 書

（20XX（令和○）年度入園選考）

選考番号	

学習院幼稚園長　殿

20XX年 10 月　○日　　　　　　保護者氏名　　伸芽　純一郎 ㊞

下記の者入園を希望いたします。

ふりがな	しんが　いつき		平成／令和 ○○年 ○月 ○日生	性別
幼児氏名	伸芽　樹		保護者との関係　子	男
現住所	〒113-○○○○　東京都文京区○○△丁目○番△号			
電話	自宅　03（○○○○）○○○○	保護者携帯1(父)　○○○－○○○○－○○○○		
		保護者携帯2(母)　○○○－○○○○－○○○○		

保護者	幼児との関係	氏　名	生年月日	備　考
	ふりがな しんが　じゅんいちろう 父	伸芽　純一郎	Ⓢ Ⓗ ○○年 ○月 ○日	○○大学医学部卒業 医師。○○病院勤務
	ふりがな しんが　はなえ 母	伸芽　英恵	Ⓢ Ⓗ ○○年 ○月 ○日	○○大学医学部卒業 医師。○○病院勤務

下記の欄の記入は任意です。

兄弟姉妹	幼児との関係	氏　名	生年月日	備　考
	ふりがな しんが　さくら 妹	伸芽　桜	Ⓗ Ⓡ ○年 ○月 ○日	
	ふりがな		Ⓗ Ⓡ 年 月 日	
	ふりがな		Ⓗ Ⓡ 年 月 日	

現住所が国外・遠隔地等の場合、確実な連絡先（都内もしくは東京近郊）を記入してください。

氏名	（幼児との関係　　　　　　　　　）
住所	電話（　　　　）

黒色のペン又はボールペンで記入してください。

 Point　願書記入見本がありますので必ず目を通してから書き始めましょう。日付は入園願書等郵送受付日のいずれかを、保護者の携帯電話番号は２ヵ所とも記入するよう指示があります。備考欄の記入は任意となっていますが、保護者の最終学歴や職業などを書くとよいでしょう。

〔別紙〕

選考番号	

◎本書は入園願書に同封してください（自由記述欄へのご記入は任意です）。

ふりがな	しんが　　いつき	平成令和 ○○年 ○月 ○日生		性別
幼児氏名	伸芽　　樹	保育歴・集団等	○○○幼稚園 年少組在園	男
住　所	〒113-○○○○　　　　　　　　　TEL 03-○○○○-○○○○ 東京都文京区○○△丁目○番△号			

志願の理由などをご記入ください（自由記述：おもて面の枠内のみ）。

　　息子には、思いやりの心を大切にし、優しく謙虚で、誠実な人間に成長してほしいと願っております。人の気持ちに気づき、相手のために考えて行動できるように、毎日お手伝いをさせています。その際、どのようにすれば相手がうれしいかを考えるように促しています。最近では、食べる人が取りやすいよう、お皿の位置やおはしの向きを考えて配膳するなど、相手のことを思いやる心が少しずつ芽生えてきたと感じています。この息子への思いは、両親の仕事に対する姿勢が基となっております。父親は○○大学を卒業し、○○病院にて外科医を、母親は○○大学を卒業し、同院で内科医をしております。両親とも、単に病気を治療するだけでなく、患者さんの不安な気持ちに耳を傾け、寄り添い、ご家族ともに笑顔にできるよう心掛けてまいりました。息子にも、真心を込めて人と接し、責任感を持って人の役に立つことをやり遂げられるようになってほしいと願っております。

　　また、家族で過ごす時間を大切にしており、日ごろから息子と手をつないで歩き、季節の移ろいを肌で感じています。息子は散歩の途中で見つけた昆虫や草花などを、家に帰って図鑑で確認するなど、さまざまなことに興味を抱くようになりました。自然豊かな貴園で観察力や想像力を養い、息子の中に芽生え始めた好奇心や探求心を伸ばしていきたいと考えております。

　　息子は、お友達と積極的に遊ぶことができる半面、初めての場所では一歩引いて様子をうかがい、慣れるまでに時間がかかることがあります。それゆえ、貴園のゆったりと穏やかな環境の中で、のびのびとした幼少期を過ごさせてやりたいと思っております。一人ひとりが個性を十分に発揮できるよう、注意深く見守ってくださる先生方の温かいご指導のもと、健やかに成長させていただきたいと切に願い、入園を志望いたしました。

記入者氏名（伸芽　純一郎）

Point
記入は任意ですが、提出することが望ましいです。志願理由を中心に、家庭の教育方針や子どもの様子、子育てへの思い、園への期待などが伝わるようにまとめましょう。罫線がないので鉛筆で薄く線を引き、下書きをして字数や行数を調整するなど工夫してください。

【 光塩女子学院幼稚園 】

入 園 願 書

	受験番号	

光塩女子学院幼稚園 園長 清澤 好美 殿

わたしは貴園<u>3年</u>保育への入園を希望しますので出願します

西暦 20×× 年 ○月 ○日

本人氏名 伸芽 結菜

保護者氏名 伸芽 隆　

左側余白（縦書き）：
募集要項や記入例に修正方法の指定があれば従う。この園の場合は二重線で消して書き直す

本人	ふりがな 氏名	しんが　ゆいな 伸芽　結菜	西暦 20×× 年 ○月 ○日生		
			性別	女	保護者との続柄 長女
	住所	〒164-○○○○ 東京都中野区○○△丁目○番△号 （父）携帯　○○○（○○○○）○○○○ ＊現住所と住民票住所が異なる場合ご記入ください	電話番号　03（○○○○）○○○○ （母）携帯　○○○（○○○○）○○○○		

保護者	ふりがな 氏名	しんが　たかし 伸芽　隆	西暦 19×× 年 ○月 ○日生		
			性別	男	本人との続柄 父

家族・同居人（本人は除く）	続柄	ふりがな 氏名	年齢	備考 参考になると思われる事はご自由にお書きください
	父	しんが　たかし 伸芽　隆	38	○○○○医科大学卒業 ○○○○医療センター○○科勤務
	母	しんが　あさこ 伸芽　麻子	35	○○○○大学卒業 ○○○株式会社○○部勤務

その他連絡先（自宅・上記以外）	《氏名（続柄）・会社名・携帯等》 伸芽敬一（祖父）・携帯電話	○○○（○○○○）○○○○

出願理由	志願者の父親はカトリック系の一貫校を卒業し、医療に従事しております。日々患者さんに寄り添いながら、信仰による心の支えの大切さを実感してまいりました。娘にもカトリック教育を通し、神様の愛にふれ、相手を思いやる心を育ててほしいと願っております。貴園の説明会に参加し、子どもに向き合ってその存在を認めること、そして子どもが自身の存在価値を認める重要性に改めて気づかされました。貴園の温かく愛情にあふれた環境のもとで、親子ともに学び、成長させていただきたいと思い、志願いたします。

 Point　出願理由のスペースが狭いので、なぜ子どもを入園させたいか理由を吟味し、整理して書くことが大切です。鉛筆で薄く罫線を引いてから下書きすると、文字がそろってきれいに仕上がります。備考欄には保護者の最終学歴や職業など、園に伝えたいことを記入しましょう。

写真貼付欄
　※ <u>本人と保護者(両親の場合は両名共)の写真(顔がはっきりしているもの)</u>
　※ サイズはL版程度、多少の大小は可
　※ 3ヶ月以内に撮影したもの
　※ 白黒・カラー・家族全員いずれも可
　※ 写真の裏面に氏名を明記

本人の 性　格	天真爛漫で優しい性格です。自宅では踊りながら歌ったり、親子でお店屋さんごっこをしたりと、娘を中心に笑顔が絶えない毎日を過ごしております。周りの状況をよく見ており、保育園ではお友達が泣いていると「どうしたの?」と声をかけたり、お昼寝の時間に月齢の若いお友達のお世話をしたりしているようです。一方、恥ずかしがり屋の面もあり、初めてお会いする大人へのあいさつをためらうことがありますが、両親が手本を見せることで、本人も徐々に進んであいさつができるようになってきました。
健康状態	《既往症や現在経過観察中の疾病など、また入園後に健康管理上留意すべき事柄等がありましたら ご記入ください》 　○○アレルギーがあります。症状は軽度ですが、主治医の指導のもと、経過を見ております。
集団経験 の有無	《入園前に幼稚園・保育所・その他の施設、習い事等を経験されている場合は、期間、回数などをご記入ください》 　20××年4月から、中野区立○○○○保育園に在園中です。また、20××年12月から週に1回、幼児教室に通っております。

通園時間	徒歩のみ 子どもの足で約20分	交通機関利用者 合計　　　　分	最寄駅・バス停 　　　線	駅 停留所

Point 本人の性格は子どもの普段の様子が伝わるよう、エピソードを交えて書くとよいでしょう。例文では自然に両親が子どもの手本となるよう接している様子が伝わります。健康状態は問題があれば、具体的な状態と医師の見解やどう対処しているかなどを書きます。

【 白百合学園幼稚園 】

＊Web出願後に郵送　　　　幼児調査票

③・2年保育（保育年数を○で囲んでください）

受付番号

ふりがな	しんが　　はなこ	家庭での呼び名	生年月日
氏　名 （戸籍通りに）	伸芽　花子	はなちゃん	西暦 20××年 ○ 月 ○ 日生

現住所	（〒101-○○○○） 東京都千代田区○○○ △丁目○番△号	自宅電話番号（03）○○○○-○○○○ 父 携帯電話番号○○○-○○○○-○○○○ 父 氏名 伸芽　一郎

ふりがな	しんが　　いちろう	幼児との関係	母 携帯電話番号○○○-○○○○-○○○○
保護者 氏　名	伸芽　一郎	父	母 氏名 伸芽　佳子

入園前の 教育状況	① ＿＿＿＿＿幼稚園 　＿＿＿＿＿保育園　　　年　月入園　週　　回 　4月から8月末日までの出席日数（　日） 欠席日数（　　日） ② ＿＿＿＿＿研究所 　ピアノ教室　　　　週 1 回（ 2 才より） その他 ＿＿＿

家庭に お け る 躾・教育	温かい家庭づくりと家族の絆を大切にしています。朝食は家族全員でとり、新しい一日を迎えられた喜びを分かち合います。また、日々のあいさつや小さなことでも感謝の気持ちを言葉で表すよう心掛けており、礼儀や思いやりの気持ちが子どもたちの身についてきていると感じます。

志望理由	娘には自分が本当にやりたいと思うものを見つけてほしいと考えていたため、モンテッソーリ教育の敏感期の考えに共感いたしました。自ら選択した作業に集中して取り組むことで自主性や自律心を、縦割り保育を通して思いやりの心を養ってほしいと思い志望いたします。

食　事	食　欲　　さかん ・ (ふつう) ・ むらがある ・ ない	※該当する 項目に○印を つけ、（ ）内は ご記入下さい。
	好き嫌い　　ない ・ (少し) ・ 多い 　　　　　好きなもの（ トマト ）・ 嫌いなもの（ ナス ）	
	食事に要する時間　30分以内 ・ (1時間以内) ・ 1時間以上	
言　葉	正しく発音できる ・ 赤ちゃん言葉が残っている ・ (よく話をする) ・ あまり話さない	
	意味のある言葉を言い始めた時期 （ 1 年 3 ヶ月）	
利き手	(右利き) ・ 左利き ・ 両利き ・ 左利きを右利きになおした	

通園順路	自宅から園まで通う方法と所要時間をお書き下さい 　　　徒歩　　　○○○○線　　　○○○○線　　　徒歩 自宅—○○○駅——○○○駅——九段下駅—幼稚園 　　5分　　　　　6分　　　　　7分　　　　10分　　所要時間約40分

今後 引っ越しなさる 場合の住所	予定はありません。

 Point
家庭における躾・教育と志望理由の欄は限られているため、端的に表現する必要があります。いくつか書き出し、大きな柱となる要素に絞っていきましょう。家庭と園の教育方針が一致する点、かつその家庭らしさが感じられる具体例を交えるとよいですね。

続　柄	名　　前	備　　考
父	伸芽　一郎	○○大学○○学部卒業。○○○株式会社○○部勤務。休日は娘と工作をしたり公園で一緒に体を動かすなど、ともに過ごす時間を大事にしています。
母	伸芽　佳子	○○大学○○学部卒業。専業主婦。栄養士の資格を持ち、大学卒業後は食関係の仕事に携わっていました。栄養バランスに配慮し家族の健康維持に努めています。
本人	伸芽　花子	興味を持ったことには熱心に取り組み、思うようにできないと悔しがります。親は手を出し過ぎず、自分で解決策を見いだして達成できるよう見守っています。
兄	伸芽　太郎	○○小学校第○学年在学。妹をかわいがり、泣いたときは慰めるなど面倒をよく見ています。サッカークラブに在籍し、庭で妹とサッカーをすることもあります。
	貴園の説明会で「親は愛情を持って子どもをよく見守ることが大切です。おまわりさんにはならないように」とのお話をうかがい、自分たちは娘のあら探しばかりしていたのではないかと気づかされました。以来、娘のよい面に目を向け、課題点は子どもが理解しやすい言葉で説明し親が手本を示したところ、見違えるほどの成長を感じられるようになりました。体験保育では在園のお姉さま方の様子を拝見し、小さいながらも品位ある所作や娘に優しく接してくださる姿は、まさにわが子の理想像であると感動いたしました。娘にもぜひ、キリスト教的精神に根ざした価値観を養う貴園の教育を授けていただきたいと切望しております。親も先生方のご指導を賜り、感謝の心を持ち娘とともに成長したいと考えております。	

家族その他（お書きになりたい方はご自由に何でもお書きください。）

※事実と異なる記入が判明した場合は入園を取り消す場合もあります。

本　人　写　真
(4.5cm×4.5cm)

ここに貼付してください

家族写真
(9cm×12cm)
ここに貼付してください。

Point

自由に記入してよいとありますので、家族構成の下の欄も有効活用しましょう。志望理由欄に書ききれなかったことや、家庭や子どもの様子、子育てに関するエピソード、幼稚園の説明会に参加した感想なども交えながら、園への理解や共感などを述べましょう。

【 田園調布雙葉小学校附属幼稚園 】

＊Web出願後に郵送

本園志望にあたって

20XX
田園調布雙葉小学校附属幼稚園

記入上の注意
○記入はペン書きとし、数字は算用数字でお書きください。
○氏名は戸籍に基づいた楷書でお書きください。

※幼稚園使用欄	
受験番号	

本人	ふりがな 氏名	しん が 姓 伸芽	はる か 名 春花	生年月日	20XX 年 ◯ 月 ◯ 日
	現住所	〒(158 - ◯◯◯◯) TEL(03 - ◯◯◯◯ - ◯◯◯◯) 東京都世田谷区◯◯△丁目◯番△号			
	保育歴	集団生活の経験 （1・2いずれかに◯をつける）	① ある…名称（ ◯◯◯◯幼稚園 ） 2. ない		
保護者	ふりがな 氏名	しん が 姓 伸芽	あき お 名 秋男	連絡先	たとえば勤務先など ◯◯大学附属病院 03-◯◯◯◯-◯◯◯◯
	現住所	本人と異なるときのみ記入			

本人を含む家族構成	本人との続柄	氏名	年齢
	父	伸芽 秋男	35
	母	伸芽 夏美	34
	本人	伸芽 春花	3
	弟	伸芽 冬樹	1

（記入例）

自宅から本園までの経路

自宅 —徒歩5分— 二子玉川駅 —大井町線10分— 九品仏駅 —徒歩12分— 幼稚園

自宅 —徒歩7分— ◯◯◯ —◯◯◯線4分— 九品仏 —徒歩12分— 幼稚園

自宅から本園までの平均所要時間
（駅での待ち時間を含む）………（約30）分

受験に際し幼稚園に知らせておきたいことがあれば自由にお書きください。

　　娘には常々、人に共感できる温かい心を持ち、自分の好きなことを深めたり、得意なことを生かしたりして周囲や社会に貢献していけるようになってほしいと願っております。近ごろの社会の変化のスピードには目を見張るものがあり、驚くようなことも次々と起こる世の中であると強く実感しております。そのような時代を生きていく娘には、自分の中に人間としての軸をぶれることなく持ち、未来を切り開いていってほしいと思っております。貴園の説明会に出席した際には、「困難なときこそ、嘆くのではなく希望に変えていく」とのお話をうかがい、娘に対して両親が持っている思いとの重なりを感じました。娘は家庭でのお手伝いをよくしてくれていますが、最近では電車の中でお年寄りに席を譲ったり、近所でのゴミ拾いの活動に参加したりもするようになりました。家族以外の人や地域のために何かを行うことに意欲を持てるのは、知らない人と笑顔を交わすことに喜びを感じているからのようです。貴学園の14年間のキリスト教教育を通して、先生方のお導きのもと、心が通じ合う仲間と出会ってお互いによいところを伸ばし、周りのために尽くせる品性ある女性に育ちますよう、ぜひ貴園で学ぶ機会をいただきたく志望いたします。

Point 幼稚園ホームページからダウンロードし、Ａ４判普通紙に片面印刷して記入します。堅実な歩みを重んじる、謙虚な家庭が求められる幼稚園です。幼稚園側に知らせておきたいことの欄には、両親の真剣な姿勢や、日々の子どもの具体的な様子などを書くとよいでしょう。

本園志望にあたって

田園調布雙葉小学校附属幼稚園

受験番号	※幼稚園使用欄

本人	姓 伸芽	名 春花

ここに家族全員の写真をお貼りください。
3か月以内のものでスナップなどで結構です。
写真のデータを貼っていただいても構いません。

写真説明

　左から
　父…○○大学医学部医学科卒業　○○大学附属病院勤務
　弟
　本人
　母…○○大学経済学部経済学科卒業　株式会社○○勤務

Point 写真説明の書き方の指定は特にありません。写っている人物の説明に加え、保護者の最終学歴や職業を書いてもかまいません。田園調布雙葉小学校附属幼稚園では写真のデータ貼りつけも可とするなど、園ごとに写真の指示や条件が異なりますから、よく確認しておきましょう。

【 桐朋幼稚園 】

＊郵送で提出

20XX年度 入 園 願 書

ふりがな	しんが　　　ほくと	男・女	受付番号
志願者氏名	伸芽　北斗		生年月日 西暦20XX年 ○月 ○日生

志願者現住所	〒 156 － ○○○○　　　電話　　03（○○○○）○○○○ 東京都世田谷区○○△丁目○番△号

ふりがな	しんが　　　こうじ	続柄	緊急時の	第1連絡先　03（○○○○）○○○○
保護者氏名	伸芽　功二	父		第2連絡先　○○○（○○○○）○○○○
				第3連絡先　03（○○○○）○○○○

	氏　名	続柄	年齢	園・学校等に通っている場合は その名称と学年
保護者	伸芽　功二	父	40	
	伸芽　南	母	38	
同居の家族				

食物アレルギー なし ・ あり	

志願者の保育歴、習い事など

20xx年4月〜
○○○水泳教室

20xx年6月〜
○○○幼児教室

あてはまる数字に○をつけてください。

入園後の住所	① 上記と同じ ★京王線仙川駅から幼稚園までは徒歩10分として計算してください。 自宅 — 徒歩 ○○○ 8分 — 駅 — 電車 7分 — 仙川駅 — 徒歩 10分 — 桐朋幼稚園	通園時間 約 30分
	2．現在転居予定で、転居先は決めている 転居先住所 ＿＿＿＿＿＿＿＿＿＿＿＿＿＿＿＿＿ 自宅 —	通園時間 約　　分
	3．合格の場合、通園範囲内に転居する	

Point 募集要項に載っている記入例の通りに正しく書きましょう。通園範囲に細かい条件があります ので、適合しているか、出願前によく確認してください。範囲外に居住中で転居予定の場合は、 例年1月中旬までに転居先を決定し、3月末までに転居を完了する必要があります。

20XX年度 志願理由記載書

ふりがな	しんが　　ほくと	男・女	受付番号
志願者氏名	伸芽　北斗		生年月日　西暦20XX年 ○月 ○日生

志願理由・その他知っておいて欲しいと思われること

　「生きるために必要な根を育てたい」を保育の基本とし、一人ひとりの個性を尊重しながら自主性を大切に育てていく貴園の教育方針に、強い共感を抱いております。息子には園生活を通して、人間形成の根をしっかりと張り、自分の人生を力強く歩いていってほしいと願っています。

　貴園の保育見学会に参加した際、緑豊かな自然の中で木登りをしたり、はだしで駆け回ったりしている園児たちの生き生きとした笑顔が印象的でした。また、子どもたちと一緒に創意工夫しながら絵本の世界を再現させたりする先生方の発想力に感銘を受けました。

　私どもも、息子の好奇心の芽を伸ばすことを大切にし、公園に行って虫眼鏡で観察した昆虫や草花を自宅に帰ってから一緒に図鑑で調べたり、空き箱など身の回りのもので工作をしたりしています。そのほか、山や海などの自然をはじめ、博物館や美術館、動物園などに出かけて本物にふれさせるようにしています。息子には、体験することで感性や想像力を育み、自らやりたいことを見つけてあきらめずに最後までやり抜く力を身につけさせたいと思っております。また息子は自立心が強い一方、思い通りにならないときに気持ちをうまく切り替えられないことがあります。初めての集団生活で、思いやりや譲り合う心を養ってほしいと願っています。

　一人ひとりが主体的に考えて行動し、仲間とともにたくましく育っていく貴園は、理想的な学びの場だと確信しております。ぜひ、健やかな体と豊かな心を培う教育を授けていただきたく、志願いたしました。

Point　記入スペースが広いので、ポイントをいくつかに絞りそれぞれ具体的に述べるとよいでしょう。「生きるために必要な根を育てたい」という園の方針を十分理解し、心身の健康に留意した取り組みや、子どもの生き生きした様子が伝わるよう意識してください。

【 東洋英和幼稚園 】

＊ Web出願後に郵送

受験番号	

20XX年度　入　園　願　書

<table>
<tr>
<td rowspan="7">志
願
者</td>
<td colspan="2">（ふりがな）</td>
<td colspan="2">しんが　　　ゆり</td>
<td>続柄</td>
<td rowspan="2">長女</td>
<td rowspan="2">志願者写真
4 cm × 3 cm
3ヶ月以内に撮影
胸から上の写真
裏面に氏名記入</td>
</tr>
<tr>
<td colspan="2">氏　名</td>
<td colspan="2">伸芽　友里</td>
<td>男・
女</td>
</tr>
</table>

志願者

（ふりがな）しんが　　ゆり　　　続柄 長女
氏　名　伸芽　友里　　男・女

20XX 年　○月　○日生

現住所
〒（104 – ○○○○）
東京都中央区○○○△丁目○○番△号
　　　　○○マンション○○号室

志願者写真
4 cm × 3 cm
3ヶ月以内に撮影
胸から上の写真
裏面に氏名記入

電話
① ○○○ – ○○○○ – ○○○○（ 母携帯 ）
② 03 – ○○○○ – ○○○○（ 自宅 ）

現在までの教育上の経歴
○○○保育園在園（20XX年4月〜）
ピアノ教室（週1回）
リトミック教室（月2回）

両親からみた性質
　優しく穏やかな性格で、お友達が泣いていると「大丈夫だよ」と進んで声をかけます。初めてのことには慎重ですが、状況を見ながら自発的に取り組めるようになってきました。

保護者
（ふりがな）しんが　　なおき
氏　名　伸芽　直樹

ご家庭での教育方針
　親の愛情と信頼を十分に伝え、娘を一人の人間として尊重するよう心掛けています。日常生活では親が手本となり、あいさつの大切さを教えてきました。また、感性を育むために、音楽や美術など、本物にふれる機会もつくっています。失敗からも学ぶことが多いと考え、体験を重視し、興味を持ったことに挑戦させております。

家族（同居人も記入してください）	本人との関係	氏　　名	年令	備　　考
	父	伸芽　直樹	45	○○大学○○学部卒業 株式会社○○○○経営
	母	靖乃	37	○○大学○○学部卒業 株式会社○○○○勤務
	本　人	友里	2	絵を見てお話を作ったり、歌いながら踊ったりすることが好きです。

姓の有無は募集要項の記入例に従う

東洋英和幼稚園長　堤　　加壽美　様　　　　　20XX年○月○日

この度上記のもの貴園に入園を希望いたします。

保護者氏名　伸芽　直樹　㊞

通 園 の 道 順

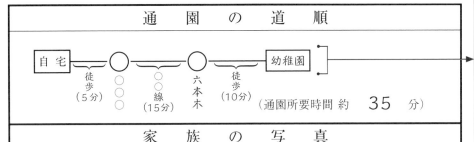

自宅 ──徒歩(5分)── ○ ──○○線(15分)── ○ 六本木 ──徒歩(10分)── 幼稚園

（通園所要時間 約 **35** 分）

→ 道順の書き方は募集要項の記入例に従う

家 族 の 写 真

・顔がはっきり写っている３ヶ月以内の写真をお願いいたします。
・同居なさっている家族全員が写った、Ｌ版程度のスナップ写真でも結構です。
・写真は白黒、カラーいずれでも結構です。裏面に志願者の氏名を記入してください。
・写真説明の欄に続柄等を書いてください。
・剥がれないようにのり付けをしてください。

写真説明	20XX年 8月 撮影　　父（直樹）　　本人（友里）　母（靖乃）

→ 写真説明は願書の指示に従う

この幼稚園を選ばれた理由

　私どもは神様へのお祈りを通して、日々の出来事に感謝することを大切にしております。娘にも神様を畏れ敬い、常に感謝の心を持ち、隣人のために考えて行動できるようになってほしいと願い、育ててまいりました。毎日のお手伝いを通して人の役に立つことに喜びを感じたり、困っている様子の家族やお友達に声をかけたりするなど、優しい心が育まれてきているように感じています。入園説明会で園長先生から、園児の皆さんが遊びを通してさまざまなことに挑戦し、他者を思いやりながら問題を解決へと導いていく様子をうかがい、とても感動いたしました。両親ともに小学生からキリスト教教育を受けており、貴学院の建学の精神「敬神奉仕」に深く共鳴しております。人間形成の基礎となる重要な幼児期を貴園で過ごし、心身ともに成長させていただきたく、入園を希望いたします。

記入者署名〔　　**伸芽　直樹**　　〕

Point　学院の建学の精神「敬神奉仕」を十分に理解し、園の教育方針やキリスト教教育を踏まえ、家庭の方針と合致しているかが伝わるように書きましょう。園へ足を運んだ際の感想や家庭で実践している取り組みなど、具体的な内容も加えるとよいでしょう。

【 雙葉小学校附属幼稚園 】

＊ Web出願後に持参

20ＸＸ年度　　入　園　願　書

雙葉小学校附属幼稚園長　**那 波 玲 子 殿**

下 記 に よ り 入 園 を 志 願 い た し ま す

20ＸＸ 年 ○月 ○日　　志願者氏名　**伸芽　理沙**
保護者氏名　**伸芽　文雄**　㊞

本人	考査番号 ※	ふりがな	しんが　　　りさ		保護者との続柄
		氏　名	**伸芽　理沙**		**長女**
		生 年 月 日	（西暦） 20ＸＸ 年　○ 月　○ 日生		（例）長男、次女 上記のように記入してください。
		現 住 所	〒107-○○○○ 東京都港区○○△丁目○番△号		電 話 番 号 03-○○○○-○○○○
		入 園 前 の 経 歴	集団生活の経験 ①ある。　名称　（　　○○幼稚園　　　　　） 2. ない。		
		本園までの 利用交通機関	自宅 ─徒歩5分─ ○○○○駅 ─○○○○線4分─ 四ツ谷駅 ─徒歩5分─ 幼稚園		
		（例）	自宅 自宅○分 ─ バス○分 ─ 駅 △△線○○分 四ツ谷駅 徒歩5分 幼稚園	かかる時間	約20 分
保護者		ふりがな	しんが　　ふみお		携 帯 電 話
		氏　名	**伸芽　文雄**		○○○-○○○○-○○○○

 Point　シンプルな願書ですが、保護者との続柄など記入方法の指示を見落とさないよう注意しましょう。利用交通機関も下の例に従って記入しますが、自宅から幼稚園までの経路をバランスよく配置するためにも、下書きをしてから清書することが大切です。

＊出願後に配付される「面接資料」より抜粋

◎参考にいたしますから、下記の事項にご記入の上、考査票を受け取る日にご提出ください。

考査番号	※	ふりがな　しんが　り　さ 志願者氏名　伸芽　理沙	性別	記入者氏名	伸芽　英子

Ⅰ. 本園を選ばれた理由は？

　　説明会でお話をうかがい、「伸び伸びとした子どもらしさの中にも、誠実でけじめのある子どもに育てる」という貴園の教育方針に感銘を受けました。娘には神様の慈しみを感じながら豊かな時間を過ごし、お友達とのかかわり合いの中で感謝の気持ちや思いやりの心を育んでほしいと願い、入園を志望いたします。

○　ここに家族全員の写真をおはりください。

○　3ヵ月以内のもので、顔のはっきり見えるものならスナップ写真でもかまいません。
（写真屋さんの写したものでなくてもかまいません）

○　写真の大きさ（型）は多少大きくても、小さくてもかまいません。

Ⅱ. ご家族の教育方針をお書きください。

　　親から大切にされて育った経験が自己肯定感や心の広さにつながると考え、日々娘と誠実に向き合い、かけがえのない存在であることを伝えています。また娘は「なぜなぜ期」真っただ中で、毎日たくさんの質問をしてくるので、発想の幅が広がるような返答を心掛けています。親自身も子どもの手本となれるよう、笑顔や丁寧な振る舞いに努めています。

右の欄に、上の写真の人物の略図をかき本人との続柄を記入してください。
（例）

父　母　本人

Ⅲ. その他幼稚園側で伺っておいた方がよいとお考えの点がありましたら、ご記入ください。

　　娘は好奇心旺盛で、初めてのことにも意欲的に取り組みます。最近は幼稚園で鉄棒の授業があり、前回りができるようになったと喜んでいました。お友達と遊ぶときは輪に入れない子を自然な形で誘うなど、人を気遣う心も芽生え始めました。貴園の園庭開放では最初は緊張していましたが、在園のお子さんたちに優しくしていただき入園への思いを強くしたようです。娘の明るさや優しさを大切に育んでいくためにも、14年間の女子一貫教育の落ち着いた環境で子どもたちのありのままを見守ってくださる先生方のご指導を受け、親子とも学んでまいりたいと存じます。

Point

面接の時間が大変短い幼稚園です。面接資料は幼稚園への理解や家庭の教育方針など、幼稚園側が知っておきたいことが質問項目になっています。記入スペースには限りがありますので、両親の考えがきちんと伝わるように要点をまとめて書いていきましょう。

【 愛育幼稚園 】

＊指定日に持参

面接資料

1　説明会、見学会に参加されて、あるいは愛育幼稚園のホームページをご覧になって感じられたことや印象に残ったこと等をお書きください。

　　見学会では、園児のみなさんそれぞれが遊びに没頭していた様子が印象に残っております。先生方に温かく見守られ好きな遊びに熱中する姿は、説明会でうかがった「自分の力で遊ぶ」様子そのものでした。年長のお子さんが年少のお子さんにボール遊びを教えていたのもほほ笑ましく拝見しました。

2　入園後、園に一番期待されることは何ですか。

　　貴園では、都心にありながらも自然に恵まれた素晴らしい環境の中、先生方に丁寧に向き合っていただきながら、お友達と一緒にのびのびと過ごしていけるものと思っております。そのようなかかわりの中で、自立し、自信を持ち、自分も含めて人が大好きな子どもに育つことを期待しております。

3　お子さんが生まれてから、一番印象に残っていることは何ですか。

　　娘は食が細いので、健やかに育つよう調理法を工夫しております。食に関心を持てるようにと、配膳から始めて簡単な料理のお手伝いをさせたところ、食べる喜びや食への感謝が生まれてきたようです。「おいしいお料理、ありがとう」と言ってくれたときのうれしさは、忘れられません。

4　子育てをする中で、最近悩んでいること等についてお書き下さい。

　　娘には自立心を持ち、いろいろなことに興味や関心を持って取り組んでほしいと思っております。外出先で興味を引かれるものがあれば自分でもやってみたがったり、立ち止まってじっと観察したりします。時間に制約があるときはどうすれば娘の気持ちをそがずに対応できるか、難しく感じております。

5　保護者の方の趣味や好きなことは何ですか。

　　両親とも旅行が趣味です。普段の生活地域を離れると、たとえ国内でも雰囲気や価値観の違いを感じます。持っている知識と、実際目にし触れて得る情報を融合すると、さらに興味深く感じられます。

お子さんが今、一番好きなことは何ですか。

　　絵本を読んだり、図鑑を見たりすることが大好きです。絵本のお話を映像でも見てどちらがおもしろかったか比べたり、散歩のときに図鑑で見た草花を探したりするのが大変楽しいようです。

6　お子さんの一日の生活についてお書きください。

　　7時に起床し、午前中は家事をする母親のそばでお手伝いをしたり、絵本を読んだりしています。午後は公園などでお友達と遊び、夕方は食事を作るお手伝いなどをして過ごし、夜は絵本の読み聞かせの後、20時に就寝します。週末は必ず父親と出かけ、できるだけ体を動かして遊ぶようにしております。

 Point　日常の子育ての様子や家庭らしさを十分に知ってもらえるよう、わかりやすい文章で具体的な事柄を記入しましょう。また、現在心掛けていることや、実践していることなどにもふれ、家庭で大切にしていることや両親の考えが伝わるようにしたいものです。

7　お子さんの健康や発育についてお書きください。

（1）これまでにすませた予防接種を○で囲んでください。

⟨Ｈｉｂ⟩　⟨肺炎球菌⟩　⟨百日咳・ジフテリア・破傷風・ポリオ⟩　⟨ＢＣＧ⟩　⟨麻しん・風しん⟩

⟨水痘⟩　おたふくかぜ　⟨Ｂ型肝炎⟩　日本脳炎　⟨ロタ⟩　その他（　　　　　　　　　）

（2）疾患について（あてはまるものを○で囲んでください。アレルギーに関しては具体的にお書きください。）

慢性疾患　【　心臓病　　腎臓病　　糖尿病　　その他（発作性疾患等）　　　　　　　】　⟨特になし⟩

アレルギー疾患

> アトピー性皮膚炎　　　喘息　　　花粉症
> じんましん
> 動物アレルギー（　　　　　　　　　　　　　　）
> 食物アレルギー（　　　　　　　　　　　　　　）
> その他（　　　　　　　　　　　　　　　　　）

⟨特になし⟩

熱性けいれん　　　（　　　回）　　最終年齢（　　才　　か月）

※入園選考（お子さんの行動観察）の際、小麦粉粘土を使用する予定です。あてはまるものを○で囲んでください。

　　　　　　お子さんに小麦粉アレルギーが　　　【　ある　・　⟨なし⟩　】

（3）発育について

ことば	あてはまるものを○で囲んでください。（複数可） ⟨よく話す⟩　　　　　あまり話さない　　　　　大人の話す言葉を理解する 言葉のことで心配なことがある（　　　　　　　　　　　　　　　　） その他（　　　　　　　　　　　　　　　　　　　　　　　　　）
排　泄	あてはまるものを○で囲んでください。 トイレトレーニング中　　⟨日中おむつがはずれている⟩　　　自分で出来る その他（夜寝るときのみおむつをしていますが、夜尿の頻度は減ってきています。）
遊　び	好んでしている遊びを○で囲んでください。（複数可） ⟨ままごと⟩　　　車・電車遊び　　　　　積み木遊び　　　⟨絵本⟩ ⟨うたやダンス⟩　⟨お絵かき⟩　　⟨公園での遊び⟩　　からだを使った遊び 砂遊び　　　　　水遊び　　　　その他（　　　　　　　　　　　　）

（4）その他、健康・発育に関して特記すべきことがありましたらお書き下さい。

> 　大きなけがや病気をしたことはなく、順調に育っております。

Point　安全で円滑な園生活を送るためにも、子どもの健康状態や発育について正しく伝えることが重要です。記入漏れのないようにしましょう。内容について面接で質問されることもありますので、説明ができるよう準備をしておくとよいでしょう。

【麻布山幼稚園】

* 郵送で提出

入　園　申　込　書

麻布山幼稚園園長殿　　　　　　　　　　令和 ○ 年 ○ 月 ○ 日

保護者氏名　伸芽　福夫 ㊞

下記の幼児を入園させたいので考査料を添えて申し込みます。

幼児	（ふりがな）氏　名	しんが　　こうすけ 伸芽　幸介　家庭での呼び名（　こうちゃん　）		性別	男	写真を貼って下さい
	生年月日	令和 ○○ 年　○ 月　○ 日生 和暦でお書きください				
	現住所	〒106-○○○○ 東京都港区○○△丁目○番△号				
保護者	（ふりがな）氏　名	しんが　ふくお 伸芽　福夫			幼児との関係 父	
	現住所	本人と異なる時のみ記入				
	電　話	固定電話 03-○○○○-○○○○　　携帯電話 2名まで記入可 ○○○-○○○○-○○○○				
幼児の状況	遊　び	好きな遊び　お砂場遊び、すべり台、積み木				
		遊び場所　自宅、保育園、公園				
		主として遊ぶ人　母親				
	性　格	穏やかでお友達に優しく、好奇心旺盛でさまざまなことに関心を持ち、積極的に行動しています。				
	入園前の情況 ○で囲む	家庭・幼稚園（　　　　　　　）・保育園（○○○保育園） 幼児教室（　　　　　　　）・その他（　　　　　）				

家族構成	園児との関係	氏名	生年月日	備考
	父	伸芽　福夫	平成○○年○月○日	○○大学○○学部卒業
	母	伸芽　恵	平成○○年○月○日	○○大学○○学部卒業

 Point　性格欄が狭いので、短文で長所が明確に伝わるよう注意が必要です。両親が相談しながら何パターンか書き、祖父母など第三者に客観的な意見をもらうのもよいでしょう。家族構成の備考欄には、保護者の最終学歴やきょうだいの通う学校名、幼稚園名などを記入しましょう。

入園申込に際し、幼稚園側に知らせておきたいことがあれば自由にお書きください。
（例：志望理由、家庭での教育方針など）

　　初めて貴園を訪れたのは息子が1歳のときです。麻布山善福寺は自宅から近く、散歩の際に幼稚園があることを知りました。ちょうど登園時間だったようで、在園のお子さんたちが「のの様、おはようございます」とあいさつしながら、園舎へと向かっていきます。志願者の父親は幼少期に仏教の幼稚園に通っていました。境内の凛とした空気や元気なお子さんたちの様子がとても懐かしく、感慨深かったことを覚えています。息子にも自分のような経験をさせたいと思い、見学会や説明会に参加させていただくようになりました。見学会では造形あそびが一番印象に残っています。お子さんたちが集中して先生の話を聞き、生き生きと制作する姿とできあがったダイナミックな作品に感動しました。息子も絵や造形が好きですが、型にはまらず手や足まで使って思う存分活動し、お友達と一緒に作品を作りあげる楽しさや喜びは家庭では味わえません。また、緑豊かな園庭で遊ぶときとお祈りをするときの、動と静の切り替えがきちんとできることにも驚きました。
　　息子には、善悪について大人から教えられて覚えるのではなく、自分の経験から感じ取ってほしいと思っています。「善」は自分や人がしてもらうとうれしいこと、「悪」は自分や人がされるといやなこと、と教えています。息子が間違ったことをしたときは、どうしてそれをしてはいけないのか考えさせます。思いやりや感謝の気持ちを持つ子になってほしいため、入園説明会でうかがった教育方針「しんせつ　おもいやり　かんしゃ」は、まさに理想的だと感じました。大イチョウに見守られながら阿弥陀様と先生方に導かれ、親子とも成長できるよう学ばせていただきたく志願いたします。

（家族写真を貼ってください）

Point 自由記入欄が広いので、とりとめのない内容にならないよう構成をよく考えましょう。仏教教育の特色を踏まえ、志望理由や園の教育方針に賛同した点、家庭の教育方針、園生活の中で子どもの成長を期待していることなどを整理して、読みやすく仕上げてください。

【 枝光学園幼稚園 】

＊指定日に持参

No.	
受付	年　月　日
入園	年　月　日

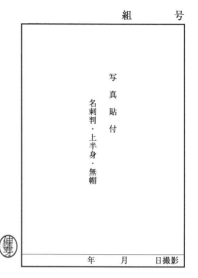

組	号

写真貼付
名刺判・上半身・無帽

年　　月　　日撮影

枝光学園幼稚園入園志願書

枝光学園幼稚園長　殿

保護者氏名　伸芽　洋　㊞

令和○年度　　**3** 年保育志望

本人	氏　名 （ふりがな）しんが　なぎさ	伸芽　渚	性別	女
			生年月日	令和 ○○年　○月　○日生
	現住所	〒152-○○○○ 東京都目黒区○○△丁目○番△△号	保護者 との続柄	長女
		電話　　03（○○○○）○○○○		
保護者	父	氏　名 （ふりがな）しんが　ひろし 伸芽　洋　㊞	昭和 平成 ○○年　○月　○日生	
		現住所　〒152-○○○○ 東京都目黒区○○△丁目○番△△号　03（○○○○）○○○○		
		連絡先　　○○○（○○○○）○○○○		
	母	氏　名 （ふりがな）しんが　しほ 伸芽　史帆　㊞	昭和 平成 ○○年　○月　○日生	
		現住所　〒152-○○○○ 東京都目黒区○○△丁目○番△△号　03（○○○○）○○○○		
		連絡先　　○○○（○○○○）○○○○		

 Point

シンプルな願書ですが保護者現住所の欄が特に狭いので、枠内にバランスよく字配りをして書くようにしましょう。願書には書いてありませんが、志願者の写真のほか家族写真を提出するよう募集要項に明記されています。サイズや撮影時期を確認して用意しましょう。

通園	・自宅より　　徒歩（ 10 ）分、バス（　　　）分 ・電車（ ○○○ ）線（　○○　）駅より乗車（ 10 ）分 　所要時間合計　約（ 35 ）分
海外生活	滞在国名　　　　　　　　　在園校 （期間　　　歳〜　　　歳）

備考　　お書きになりたい事がありましたらご自由にお書きください

　娘には、礼儀正しく、思いやりの心を持ち、何事にも誠実に取り組むことのできる女性に育ってほしいと願っております。そのため、日常生活では娘と丁寧に向き合うよう努めています。それとともに「自分がされて嫌なことは相手にしない」などわかりやすく伝え、相手の立場に立って物事を考えられるよう導いてまいりました。

　娘は明るく活発で、初めてのお友達ともすぐにうち解けることができます。また、好奇心旺盛で何にでも興味を持って熱心に取り組みます。私どもはさまざまな体験が子どもを成長させると考え、特に自然とふれ合う機会を多くつくるように心掛けてまいりました。自宅では、庭でミニトマトを育て、メダカの世話をするなど、少しずつですが命あるものへの責任を感じ始めているようです。

　貴園の保育見学に参加した折には、園児の皆さんが広い園庭で生き生きと活動しており、娘にも温かく接してくれました。そして皆さんの笑顔に引き込まれ、娘もとても楽しそうにしておりました。特に印象に残ったのは、娘が遊具の順番を譲ってもらったり、年齢によって使用できない遊具を優しく教えてもらったりしたことです。いずれも自然な行動で、当然のことのように他者を思いやる心が育まれていることに感心いたしました。また、先生方が、子どもたちの自主性を尊重しながらも、しっかりとしたしつけが身につくよう目を配っておられ、細やかな教育を実践されていることに感銘を受けました。

　貴園では父親が3年間お世話になり、慈愛に満ちた穏やかな時間を過ごす中で、献身的な精神を養うことができたと深謝いたしております。娘にも、貴園の素晴らしい環境のもと、カトリック教育を通じて人間形成の土台を築いてほしいと願い、入園を希望いたしました。そして、親もともに学び、娘の成長を支えていきたいと思っております。

Point　家庭、特に母親との連携を重視する幼稚園です。保育では自然とのふれ合いを通して命の大切さを教えるとともに、情操教育にも力を入れています。そうした特色や、教育方針、カトリック教育への理解と賛同なども含め、両親の思いを謙虚な気持ちで書きましょう。

【 晃華学園マリアの園幼稚園 】

＊ Web出願後に郵送

20××年度　　面 接 資 料

※受験番号	ふりがな	しんが　　　まり	男・女	保護者	ふりがな しんが　　だいき
	受験者(幼児)氏名	伸芽　茉莉	㊛		伸芽　大樹
〔3〕年保育	生年月日	西暦20××年 ○月 ○日生			西暦19××年 ○月 ○日生

現住所	〒 206 －○○○○　　東京都多摩市○○△丁目○番地の△
	Tel　　042（○○○○）○○○○　　携帯電話①（続柄：父　）○○○－○○○○－○○○○ 携帯電話②（続柄：母　）○○○－○○○○－○○○○

受験者出生地　東京都府中市	受験者生育地　東京都多摩市

家族構成	家族・同居人氏名	受験者との関係	年齢	ご家庭における躾・教育方針
	ふりがな しんが　だいき 伸芽　大樹	父	35	家庭で心掛けていることは、子どもは神様から授けられたかけがえのない存在であり、一個の人格として尊重すること、そして愛情と信頼の中で安心感を育めるようにすることです。他者を敬い丁寧にかかわれるようになってほしいため、人の話をよく聞き、感謝の気持ちを忘れないよう伝えています。
	ふりがな しんが　きょうこ 伸芽　京子	母	36	
	ふりがな しんが　まり 伸芽　茉莉	本人	3	
	ふりがな			本園との関わり、カトリック教会との関わり
	ふりがな			園庭開放、星の子組などに楽しく参加させていただきました。

本園を志望した理由
説明会や公開行事で気品に満ちた貴園の雰囲気と先生方の温かいお人柄にふれ、ぜひ娘にキリスト教の愛の教育を授けていただきたいと思うようになりました。娘には神様とお話をする静の時間と武蔵野の自然の中でのびのびと遊ぶ動の時間を過ごしながら、人間性の基礎を育んでいってほしいと願っております。

健康	これまでにかかったことのある大きな病気 特にございません。	時期	年　　　　歳の時
	現在ある病気 特にございません。	処置	1．治療中　　　2．経過観察中 3．その他（　　　　　　　　）

◇主にお子様の世話をしているのはどなたですか 父親　㊒母親　祖父　祖母　その他（　　　　　）	◇お母様はお仕事をしていますか はい　　　　㊒いいえ
◇園歴・保育歴（幼稚園・保育園名称など） ・幼稚園名 [　　　　　　　　] ・保育園名 [　○○保育園　]（週 5 日通園） ・その他 [　　　　　　]（週　　日通園）	◇預かり保育を利用する予定はありますか ㊒はい　　　　　　いいえ

◇幼稚園までの通園時間 （駅での待ち時間も含む） 時間 約40 分 ◇通園方法（公共交通機関利用の場合） 自宅 ——徒歩——○○○○ 　　　　5分 ——バス——○○○○——徒歩——幼稚園 　10分　　　　　　5分	家族写真を貼付してください（3ヶ月以内のスナップ写真）

【 聖徳幼稚園 】

＊指定日に持参

面 接 資 料 書

記入者[伸芽 七海] 　　　西暦 20××年 ○月 ○日 記入

志願者	フリガナ 氏名	シンガ エイタ 伸芽 瑛太	性別	男	西暦 20××年 ○月 ○日生	(1・2・③ 年保育希望)

	現住所	〒(180 - ○○○○) 東京都武蔵野市○○○△丁目○番△号 TEL：0422-○○-○○○○	保育歴	名称 ○○○ 幼稚園・プレ・年少・年中・年長 該当なしの場合は斜線を引いてください / 名称 保育園：2/3/4 歳児クラス 該当なしの場合は斜線を引いてください

保護者	氏名	伸芽 周平	続柄	父	年齢	37	緊急連絡先	【職場の場合は名称と番号を、携帯電話の場合は番号のみをお書きください】 ○○○株式会社
	住所	同上 上記現住所と同じ場合は同上とお書き下さい						
	備考	必要がある場合にお書き下さい						TEL：03-○○○○-○○○○

上記以外の家族の状況（同居人含）

続柄	氏名	年齢	勤務先・在学校（在園）名及び学年	備考 必要がある場合にお書きください
母	伸芽 七海	30	○○○株式会社勤務	

家庭の教育方針	今はいながらにして世界中のことがわかる時代ですが、実体験から学ばせるというのが、わが家の教育方針です。そのため、家族で水族館や博物館、体験活動、キャンプなどに出かける機会を多く設けています。公共のマナーやあいさつの大切さを伝え、親も一緒に実践しています。	本園志望の理由	「考える力を一生の財産にする」という教育目標に共感いたしました。変化の激しい時代においては、知識の詰め込みではなく考える力こそが重要だと考えます。多彩なカリキュラムあそびにも魅力を感じます。ぜひ貴園で親子とも成長させていただきたく、入園を志望いたします。
お子さんの行動の傾向	興味・関心を持ったものを深く追求していく傾向があります。特に電車が好きで、駅や絵本などで電車の種類を覚えて両親や祖父母に特徴を説明してくれます。	お子さんの長所・短所	物事に熱心に取り組みます。お手伝いも積極的にしてくれます。一方で、熱心なあまり時間を忘れてしまうことがあるので、時間を守れるようにしていきたいと思います。

本人の健康状況	健康状況	良好です。持病やアレルギーもなく、元気に過ごしております。	家庭での様子	遊びの傾向	(外・内) 遊びが多い
				熱中している遊び	ミニカー、ブロック
	特記事項			遊びの持続時間	(0.5 時間位)
				友だちの数	多い方・少ない方
				本（読み聞かせ）	好き・普通・好きではない

知能検査を受けた事がありますか	ない・ある	いつ(＿＿＿頃) どこで(＿＿＿) 結果(＿＿＿)
参加されたことがあるものに○をつけてください	公開研究発表会(○)・園説明会及び体験入園( )・親子で楽しむ集い( )	

Point 記入事項が多いので、漏れのないようよく確認してください。家庭の教育方針、志望理由、お子さんの行動の傾向、長所・短所の欄は、内容が重複しないように注意しましょう。日ごろの親子関係や親の温かく見守る姿勢などが伝わるよう意識して書くとよいでしょう。

【 成城幼稚園 】

＊ Web出願後に郵送

20XX年　○月　○日

20XX（令和○）年度　成城幼稚園志望理由書

※受験番号をご記入ください。

受験番号	

ふりがな	姓　しんが	名　みか
受験児氏名	伸芽	美香
生年月日	西暦20XX 年　○月　○日生	

本園志望の主な理由

　受験児の祖母は中学校から、その息子である父親は小学校から成城学園で学びました。二人とも貴学園で得た学びが人間形成の基盤となり、豊かな人生につながっていると感じています。また、ともに学園生活を送り「個性尊重の教育」を受けた友人たちは、一生の宝物であり心の支えです。

　そのような経験もあり、父親は以前よりわが子を授かることができましたら、幼稚園から貴学園にお世話になりたいと考えていました。そして娘が1歳のときから貴園と学園系列校の説明会や見学会、運動会、オール成城学園オープンキャンパスなどに何度か参加し、母親も学園への理解を深めていきました。行事に訪れた際、中学生たちが私たちに道を譲り、娘に声をかけてくださったことがありました。温かい一貫教育の中で、他者の気持ちを考えられるお子さんに育っていることに感心し、娘にもワンキャンパスの中で先輩たちをお手本にしながら、思いやりの気持ちを養ってほしいと思いました。

　わが家では家族で毎日を丁寧に過ごすこと、子どもの興味や気づきに耳を傾け、一緒に探求することを大切にしています。貴園のホームページに掲載されているコラム「たいこばしくん通信」も子育ての参考にさせていただいています。日々の保育のエピソードと先生の対応を拝読するたび、先生方が子どもたちの細かな様子までしっかり把握され、懐の深い保育をされていることがうかがえて感動します。

　娘には、自分の喜びや楽しさを素直に表現できるおおらかさがあります。貴園の個性や人格を重んじる理念のもと、本物にふれる活動やワンキャンパスのつながりを通して表現力を伸ばし、知性と感性を磨いてほしいと願っています。

Point 右上の日付は記入日ではなく提出期間の初日を記入します。園児の成長を幼稚園と保護者が同じ方向を向き支えるという「三位一体」が園の伝統です。そうした特徴を深く理解して、子どものエピソードを添えながら両親の思いを伝えましょう。

【 玉川学園幼稚部 】

＊「入園志願書・面接資料」より抜粋。郵送で提出

〈面接資料〉

玉川学園を志望した理由	息子には、グローバルな視野に立って物事を考え、人生の目標を見出して努力し、世の中に貢献できる人間になってほしいと願っております。貴学園のバイリンガル教育は、言語の習得だけでなく、多様性を認め合い、人間関係をより豊かにしていくものだと確信しております。息子にも、真の国際人として言語の根底にある文化や価値観を理解し、国際社会において円滑なコミュニケーションを図れる力を身につけてほしいと思っております。 　説明会やキャンパスツアーでは、自然に恵まれた環境で子どもたちがのびのびと過ごす姿が印象的でした。幼稚部でもアクティブラーニングを実践し、「自発的な遊びの時間」や皆で協力する行事など、本気の「遊び」や仲間との「学び」から主体性や思いやりを育んでいく指導にも大きな魅力を感じております。充実した一貫教育のもと、多くの経験を重ね、世界に羽ばたくための基盤を築かせていただきたく、志願いたしました。
家庭教育での留意点	コミュニケーションの基本となるあいさつをはじめ、感謝の気持ちを伝えることを大切にしております。日ごろから両親が手本を見せ、息子にも自然と身につくよう心掛けてまいりました。緊張してなかなかできないこともありましたが、最近では相手の目を見てきちんと言葉で伝えられるようになり、成長をうれしく思っています。 　また、息子を一個人として尊重し、何かを働きかける際は、必ず理由をわかりやすく話すようにしています。休日はどこで何をするか息子の希望を聞き、話し合って決めるなど、受け身ではなく、自分で決めて実行する機会を与えることで自立を促しています。そして、興味を持ったことに挑戦させ、成果をほめるのみならず、その過程の努力も認めるようにしています。息子に丁寧に向き合い、心からの励ましを継続することで、最後まであきらめずにやり抜くねばり強さを身につけさせたいと思っています。

	（長　所）	（短　所）
お子様の性格について	素直で穏やかな性格です。発想力が豊かで、おもちゃよりも生活の中にあるものを使って工夫しながら遊ぶことが多いです。何事にも落ち着いてじっくりと取り組むことができます。	慎重で控えめなところがあります。弟に何でもすぐに譲ってしまう優しさを、親として歯がゆく感じることがあります。時には自分の信念を貫く強さを持ってほしいと思っています。

備　考	お子様の学習言語について配慮する必要があればご記入ください。 SH（Study Hall）の利用がある場合はご記入ください。　　〔 有 ・ 無 〕 　　　　　　※SHとは放課後の預かり保育のことで、各種講座は含みません。 利用「有」の場合は、利用頻度をお知らせください。　〔 毎日 ・ 週＿＿＿回 〕

Point　のびのびとした教育環境の中で、英語教育を柱として国際人を育成する目標を掲げ、一貫教育を実践している学園です。その学園生活を念頭に置き、子どもの将来像や家庭の教育方針が伝わるようにそれぞれの項目を簡潔明瞭に仕上げてください。

【 日本女子大学附属豊明幼稚園 】

* Web出願後に郵送

<table>
<tr><td>写
真
・白黒・カラーどちらでも結構です。
・横3cm　縦4cm
・3か月以内に撮影したもの</td><td>20××年度</td><td>面 接 資 料</td><td>受験番号</td></tr>
</table>

日本女子大学附属豊明幼稚園

<table>
<tr><td rowspan="2">志願者
氏名</td><td>ふりがな　しんが　　わかな
伸芽　若菜</td><td>3年保育</td><td>生年月日
西暦 20XX 年　○月　○日生</td><td>保護者との続柄
長女</td></tr>
</table>

<table>
<tr><td>現住所</td><td>〒112-○○○○
東京都文京区○○△丁目○番△号
電話　03 (○○○○) ○○○○</td><td>保護者
氏名</td><td>ふりがな　しんが　　まさし
伸芽　政志</td></tr>
</table>

幼 児 関 係		家 族 紹 介
行動の傾向	明るく素直で、好奇心も旺盛です。最近では自ら進んでお手伝いをするようになりました。周りをよく見て行動することができ、公園などではお友達を優しく気遣う様子も見られます。	伸芽　政志（父） 　○○大学○○学部卒業後、○○株式会社に入社。現在は○○部に所属し、大手企業へのコンサルティングを行っております。平日の朝は少しでも娘と会話ができるように心掛け、夕食は家族そろっての団らんの時間を大切にしています。週末は必ず一緒に公園に行き、遊びを通して娘の成長を感じています。
保育歴 おけいこ事 その他	○○○○○保育園 水泳教室（週1回）	
利用する交通機関	東京メトロ○○線	伸芽　菜穂子（母） 　○○大学○○学部卒業後、○○株式会社に入社。子どもと向き合う時間を大切にしたいと考え、現在は子育てに専念中です。主体性を育むため娘の意欲を尊重し、料理や植物の世話などを手伝ってもらっています。失敗の経験からも学んで次に生かせるよう、挑戦しやすい雰囲気づくりに努めています。
通園に要する時間	約20分	
本園を志望する理由	娘には、将来をたくましく切り開き、社会に貢献してほしいと考えています。貴園の説明会で三綱領に基づく教育方針をうかがい、主体的な遊びを中心として感性を育む保育に共感いたしました。緑あふれる環境のもと、豊かな創造力を養い、相手のために考えて行動できるように成長してほしいと思っています。そして、一貫した学びの中で、人生の目的を見つけることを願い、入園を志望いたします。	上記太枠内の記入はご自由です。

Point　家族紹介は自由記入となっていますが、家庭の様子を園側に伝える貴重な機会です。保護者の最終学歴や職業のほかに趣味や日常の様子などを織り込み、人柄や家庭の雰囲気が伝わるような工夫をしましょう。親族に卒業生や在校生がいる場合は、この欄を活用しましょう。

【 カリタス幼稚園 】

＊考査当日に持参

カリタス幼稚園〔面接資料書〕

保育希望	2年保育・③年保育（どちらかに○をつけてください）					
ふりがな	しんが　　　みさと	男・	生年月日	西暦　　　　年		○月　○日
本人氏名	伸芽　　美里	⊛		元号　　　　年		

志望理由

　私どもは、娘を愛情豊かで多様性を尊重できる人に育てたいと考えています。貴園の、キリスト教的愛に根ざした指導で自分が大事にされていることを実感させ、「思いやりのあるやさしい心をもつ子」に育てるという教育目標は、まさに理想的であると感じました。大事な人格形成期にモンテッソーリ教育で自発的に学ぶ力を身につけ、外国語を通し異文化にふれて視野を広げられる生活は、娘を私どもの願う未来へと導いてくださると確信し、志望するに至りました。

ご両親から見るお子様の性格

　優しい性格で、妹が泣いていると「どうしたの」となだめています。興味のあることには熱心に取り組みますが、途中で壁にぶつかるとすねてしまうこともあり、最後までやり通す強い心を養うよう支援しております。

お子様は普段どのような遊びを好んでされていますか。

　家ではお絵描きや粘土遊びを好みます。親子で宝探しゲームを楽しむこともあります。保育園ではお友達と遊具で遊んだり、花の観察をしたりしています。父親と一緒に愛犬のお散歩をすることも好きです。

お子様は普段どのような本を読んでいますか（読み聞かせ含む）。

　動物が登場するお話が好きで、気に入ると何度も読みたがります。内容を覚えて、両親に読み聞かせをしてくれることもあります。最近は『ぐるんぱのようちえん』を読みながら、入園への期待をふくらませているようです。

トイレトレーニングについて該当するものに○をつけてください。

　完了　　　　　ほぼ完了　　　　　トレーニング中　　　　していない

送迎、緊急時の対応など協力をお願いできる方がいますか。

　親族（　　　　祖父、祖母　　　　　）　　　　ベビーシッターの利用

　その他（具体的に：　　　　　　　　　）　　　　特にいない

現在通っている幼稚園・保育園（プレスクール含む）幼児教室、お稽古ごと等お書きください。

　○○○保育園

就労のために預かり保育を希望される場合、どの程度希望されますか。（該当するものに○）

　1.〔ほぼ毎日利用したい　　ときどき利用したい　　利用する予定はない〕

　2.〔早朝・延長も利用したい　　早朝・延長を利用する予定はない〕

事前に園に知らせておきたいこと（アレルギー対応など）がありましたらお書きください。

　母親は働いていますが子育てを優先しており、送迎や行事も対応可能です。

 Point 子どもの普段の様子を知るための項目です。好きな遊びや本などは具体名を挙げ、子どもの反応なども記入するとよいでしょう。また、入園後の預かり保育の希望とともに、園への協力や急なお迎えにも対応する姿勢があることも伝えておきましょう。

【 横浜英和幼稚園 】

＊出願時に提出する「面接資料」

受験番号 （幼稚園が記入）			
幼児名(ふりがな) しんが りん 伸芽　凛		性別 女	
記載者 伸芽　ますみ		記載者と幼児の関係 母	

1. 志願理由についてご記入ください。

   ① ありのままが受け入れてもらえる安心感は人生の土台、どうしてだろうと考える力は

   　　学習の土台、共感できる仲間は人生の宝という保育の基本に感銘を受けました。

   ② 説明会でのお話や園内の掲示物などから体験活動を大切にしていることを知りました。

   　　娘にもお友達とさまざまなことを体験し、知識や協調性を養ってほしいと考えます。

   ③「えいわであそぼう」に参加した際、先生方が娘に優しく接してくださり、そのような丁

   　　寧な保育を実践されている貴園でぜひお世話になりたいと思いました。

2. お子様の健康状態についてお書きください。
   また既往症・アレルギー等がありましたら、詳しくお書きください。（花粉症等）

   　　健康状態は良好です。既往症・アレルギーはありません。

Point 志願理由には最初から番号が振られているので、理由を3つに分け簡潔に記入します。実際に幼稚園に足を運びどこに魅力を感じて志望したのか、園への理解や共感、家庭の教育方針との一致などがスムーズにつながるよう、注意しながらまとめましょう。

【 安藤記念教会附属幼稚園 】

＊出願時に提出する「アンケート」

1. 本園をどのようなことでお知りになり、お選びになりましたか。

親しくしているご家族のお嬢さまが貴園の出身です。その方から家庭的な園風で一人ひとりを大切にしてくださる愛情豊かな園であるとうかがい、わが家もぜひお願いしたい、そして娘も彼女のように明るくて優しい子に育ってほしいと思うようになりました。以来、バザーや園庭開放に参加し、貴園の温かさを実感しております。生活習慣や基本的なしつけを身につけることを重視する教育方針にも共感いたしました。キリスト教教育のもと、相手への思いやりの心を育み、お友達と学び合いながら成長する機会を与えていただきたく、志願いたしました。

2. お子さんの生活について、どのようなことを心がけて今まで育ててこられましたか。

幼稚園から社会まで、人とのかかわりで大切になるのはコミュニケーション力です。そのためコミュニケーションの基本となるあいさつの大切さを教え、親が手本となり、「ありがとう」「ごめんなさい」をきちんと言葉にできるように育ててまいりました。親の愛情を十分に伝えることで娘が自身の存在を認め、常に感謝の気持ちを抱けるよう導いております。また、さまざまな経験による達成感や自信、そして失敗が次の行動につながると考え、ささいなことにも目を配り、共有しています。

3. 園までの利用交通機関名、所要時間をお書き下さい。

自宅—（徒歩5分）—○○○○○—（バス10分）—仙台坂上—（徒歩5分）—幼稚園　　所要時間　約25分

4. その他

（幼稚園に知らせておきたい事などがありましたら、お書き下さい）

○○アレルギーがありますが、主治医の指導のもと、徐々に食べられるようになってきております。

20××年　○月　○日

志　願　者　名＿＿＿＿伸芽　芽衣＿＿＿＿

保　護　者　名＿＿＿＿伸芽　浩一＿＿＿＿

電話番号(携帯)＿○○○○-○○○○-○○○○＿

 Point 園への関心を抱いたきっかけ、どのようにして園への理解を深め、志望に至ったかなど、家庭の強い思いを伝えることが重要です。2.お子さんの生活について、の質問では声掛けなどの具体例を挙げ、どのような家庭か興味を持ってもらえるようにすることが大切です。

【 浅草寺幼稚園 】

＊願書の裏面に記入。指定日に持参

Ⅰ. 本園を入園希望する理由を教えて下さい。

　息子には人とのかかわり合いを大切にし、思いやりを持って行動することができる人間になってほしいと願っております。そのためには、素直な心で他者を受け入れ、感じたことや思ったことを言葉にしてきちんと相手に伝えられることが大事だと思います。家庭では、息子の声にしっかりと耳を傾け、両親がお互いの話を真剣に聞き、気持ちを伝え合う姿を見せるようにしています。また、祖父母や友人家族と会う機会には、あいさつやマナーなどの社会性が身につくよう、導いております。

　貴園で節度ある生活を送る中で、神様や仏様に手を合わせ感謝の気持ちを持つこと、先生や親など年輩の人を自然に敬うこと、お友達と助け合うこと、そして年中行事などのさまざまな体験が生きる糧になると確信しております。

　先生方に温かく見守られ、時には厳しくご指導いただきながら、将来への確かな土台を築いてほしいと思い、入園を志望いたしました。

Ⅱ. その他　自由記入欄（健康上、家の事情その他）

　大きな病気やけがもなく、健やかに育っております。母親は出産を機に会社を退職し、子育てを最優先しています。また、父親の両親が自宅の近くに住んでおり、送迎など協力を得られる環境も整えております。

Ⅲ. 入園が許可された際、クラス役員を引き受けることが可能ですか？

　　　　　是非受ける　　　　　受けることが可能　　　　　不可能

Point 志望理由を書くスペースが広いので、伝えたいことを整理して順序立てて書きましょう。あらかじめ鉛筆で薄く罫線を引くなどし、文字は読みやすいサイズ、字数にすることも大切です。自由記入欄には健康状態、家庭の状況とも通園には問題ないことを書くのもよいでしょう。

【 伸びる会幼稚園 】

＊「入園希望者登録票」の裏面に記入

考査番号 (記入不要)	＊		（面接資料）
ふりがな	しんが　たいよう	ふりがな	しんが　あさひ
幼児名	伸芽　太陽	記入者名	伸芽　旭

◎幼稚園見学会・入園説明会の参加日及び参加者をご記入ください：

見学会開催日【　　年　　月　　日】／参加者【 父・母・その他(　　　) 】

説明会開催日【 令和〇年〇月 〇日】／参加者【 父・(母)・その他(　　　) 】

◎保護者の職業と帰宅時間についてご記入ください：

父：職業【 医師　　　　　　 】帰宅時間【 19 時 30 分頃】

母：職業【 主婦　　　　　　 】帰宅時間【　　時　　分頃】

◎入園説明会を通して考えたこと、学んだことについてお書きください：

　貴園の入園説明会を通して、親としての在り方を改めて考えております。親としての年齢は3歳、まだまだ未熟ではありますが、息子にとってよいお手本となる決意を新たにしました。不便さから生まれる知恵や不自由から生まれる幸せについてのお話は、目の覚めるような思いで拝聴しておりました。息子には本物に触れて感じ、自分でやってみる機会をできるだけ持たせております。それに加えて、不便で難しいことに出合って我慢し、工夫して乗り越えられるよう、自由と身勝手の違いを理解し、礼儀正しくして相手を思いやれるよう、親がお手本を見せていきたいと思っております。

◎伸びる会幼稚園はどのような教育の場だとお考えですか：

　「子どものためになるかどうか」を判断基準に置き、人間として生きる力の土台を築くような教育の場だと考えております。正しい判断や選択の基準となる「ものさし」を授けてくださり、そのための入念な下地づくりとしつけを大切にしてくださるとも思っております。「哲学の時間」で園児のみなさまが自分の言葉で意見を述べる様子を見て、自分なりに考え、安心してお友達と意見を出し合うことが、すでに習慣になっているのだと感銘を受けました。物事を正しくとらえて自分なりに考え、お友達と共有してさらに考えを深め、生活習慣を整え、礼儀作法や自律性を身につけさせるため、貴園と家庭とで息子の添え木となっていけたら、これほど幸せなことはございません。

◎親として子どもに願うことを一つだけ伝えられるとしたらどんなことですか：

　息子には、前向きに挑戦する心を持ち続けてほしいと願っております。変化が多く、見通しを立てにくい世の中で、息子の人生が楽しく幸せなものであることを望んでいます。それには知的好奇心を持ち、興味を持ったことを飽きずに探究する力、自分を信じて進む力が必要なのではないかと考えております。好きで熱中できることなら、人は苦労を忘れて取り組めます。物事に熱中して取り組み、失敗も成功も味わって自信に変えていく経験を重ねて、その前向きな姿勢とひたむきさで自ら輝き、社会に貢献できるようになってほしいと思っております。

Point 入園説明会を通して考えたこと、学んだことには、園の教育方針に共感した点や家庭での教育方針の柱、取り組んでいることなどを盛り込むようにしましょう。園がどのような教育の場と考えるかには、見学会などで実際に目にした具体的な様子などを含められるとよいですね。

生活状況

【 白金幼稚園 】

＊出願時に配付される

幼 児 生 活 調 査 票

ふりがな 幼児氏名	しんが だいち 伸芽 大地						令和 ○○年 ○月 ○日生まれ	
ふりがな 保護者氏名	しんが つよし 伸芽 剛						保護者との続柄（ 長男 ） 記入例： 長男・次女 等	
住 所	〒 108-○○○○ 東京都港区○○△丁目○番△号					(電話) 03-○○○○-○○○○ 固定電話がない場合はお母様の携帯電話の番号をお書きください。		

家族 ＊兄弟も記入する	続柄		氏 名	年齢	同居	死亡	別居	職 業	備考（兄弟の学校・祖父母の住所・母の仕事内容）
	父		伸芽 剛	35	○			会社員	株式会社○○○○勤務
	母		伸芽 さくら	37	○			主婦	
	父方	祖父	伸芽 一郎	63			○	医師	東京都○○区○○△丁目○番地△号
		祖母	伸芽 聡子	67			○	主婦	同上
	母方	祖父	和田 浩志	63			○	教師	山形県○○市○○△丁目○番地
		祖母	和田 道代	58			○	会社員	同上

睡眠	起床 7 時 就寝 20 時		身体	出生時の身長 ○○cm 体重 ○○○○g ハイハイ （した）・ しない

食事	・食欲について 食欲旺盛です	・嫌いな食物 トマトと長ネギ	食事・排泄・身の回りのことについて気になることがありましたらお書きください。 　おむつは外れましたが、遊びに夢中に なっていてトイレが間に合わないことがあり ます。様子を見ながら早めに行くよう声掛 けをしています。
排泄	・小便の始末 （一人でできる）・やってもらう 　　　　　　 ・オムツをはいている		
	自分一人で出来ることをお書きください。 　食事、衣服の着脱、靴の脱ぎ履き		

言葉	2語文（ワンワン来た・ママちょうだい）を言いましたか？ （はい）（ 2才1ヶ月頃）・ いいえ	言葉の発達について気になることがありましたらお書きください。 　特にありません。

遊び	・好きな遊びについて 　　　　（屋外）虫の観察、かけっこ　　　（屋内）積み木、絵本 ・友達について （いる）（同年）年下・年上） 　　　　　　　 いない

保育歴	・保育歴　有・（無）　園名　　　　　　　在園期間　　年　月 〜　　年　月 ・幼児教室等への参加 （有）・無　（内容）水泳、リトミック

☆お子様の性格等をお書きください。 （発達の様子やアレルギーの事等） 　息子は明るく活発な性格です。体 が大きめで発達も早く、9ヵ月ごろ には一人で歩くようになりました。 遊びでは外遊びが一番好きで、毎日 公園に行き母親やお友達とかけっこ をしています。砂遊びも好きで、山 やプリンなどを作って楽しんでいま す。公園で会うお友達ともすぐ仲よくなり、自分の道具 を貸してあげるなど優しい面もあります。	お子様とお母様が 2人で写っている写真を 貼って下さい。 ※スナップ写真可。 ※顔がはっきりしている もので、2ヶ月以内に 撮影したもの。 5cm × 3.5cm	目印となる建物も含め、詳しくお書きください。 ご自宅から幼稚園までの地図

入園ご希望の理由 「豊かな自然の中で子どもを子どもらしく育てる」というお考えに共感し ました。また貴園を見学し、虫や植物が好きな息子に最適な幼稚園だと 感じました。親は保護者の方々とのかかわりを通し、子どもとの向き合い 方を学ぶなど、親子とも成長させていただきたく志望いたします。		幼稚園までの 所要時間 （子どもの場合）	徒歩 15 分 バス　分 電車　分 （合計15分）

　　　入園説明会に参加しましたか？ （ （参加）・ 不参加 ）

 Point 実際に園での生活を想定しての調査票なので、子どもの状況を正しく記入することが基本です。そのうえで、手洗いやトイレ、着替え、食事など、スムーズな集団生活が送れるよう、家庭でも入園までの期間にできるだけしつけていく姿勢を伝えたいものです。

生活状況・健康状態

【 若草幼稚園 】

＊郵送もしくは指定日に持参する願書の裏面に記入

<table>
<tr><td rowspan="9">生
活</td><td colspan="2">主として教育した人</td><td colspan="2">母親</td></tr>
<tr><td colspan="2">主に遊ぶ友達</td><td colspan="2">⟨兄弟⟩　⟨年上の子供⟩　⟨同年令⟩　　年下の子供　　大人</td></tr>
<tr><td colspan="2">特に興味のある事</td><td colspan="2">今は乗り物への興味が強く、実物を見に行ったり図鑑で調べたりしています。</td></tr>
<tr><td colspan="2">好きな遊び</td><td colspan="2">室内　お絵描き　　　　　　屋外　公園の遊具での遊び</td></tr>
<tr><td colspan="2">習いごと</td><td colspan="2">英語、リトミック</td></tr>
<tr><td rowspan="2">性
質</td><td>よいと思う所</td><td colspan="2">好奇心が旺盛で、いろいろなことに興味を持ちます。感情豊かに喜怒哀楽を表現いたします。</td></tr>
<tr><td>直したいと思う所</td><td colspan="2">他人の話を静かに聞いたりするのが苦手でしたが、だんだんできるようになってきました。</td></tr>
<tr><td colspan="2">家庭での教育方針</td><td colspan="2">実際に体験することを大切にし、興味を持ったものを深く追求できるよう、じっくり向き合う時間を作るようにしています。一方、優先順位をつけること、きちんとやり通すことなど、けじめもつけさせるようにしています。主体性と自立心を持ってほしいと考えております。</td></tr>
<tr><td colspan="2">本園に対する希望</td><td colspan="2">健康な体、好奇心や創造力を持って、これからの時代を切り開き社会に貢献できる人間に育ってほしいと願っております。共感力と協調性も合わせ持ちながらたくましく生きていく力を身につけられるよう、ともに息子の成長を暖かく見守っていただきたく存じます。</td></tr>
<tr><td rowspan="5">健
康</td><td colspan="2">今までにかかったことのある大きな病気</td><td>特になし</td><td>その後の経過（　　　　　　　　）</td></tr>
<tr><td colspan="2">今までにしたことのある大きなケガ</td><td>特になし</td><td>その後の経過（　　　　　　　　）</td></tr>
<tr><td colspan="2">起きる時刻　　7 時
寝る時刻　　20 時</td><td colspan="2">食物　好きなもの　ハンバーグなど肉料理
　　　嫌いなもの　ピーマン、ニンジン　　　食物反応 なし</td></tr>
<tr><td colspan="2">歩き始めの時期　　1 歳</td><td>話始めの時期</td><td>1 歳6ヵ月</td></tr>
<tr><td colspan="2">そ　の　他</td><td colspan="2">難聴・弱視　その他特記すべき事項　　特になし</td></tr>
</table>

Point 幼稚園受験では、出願書類や面接で子どもの生活状況を確認されることがよくあります。普段から規則正しい生活を心がけながら、できることや苦手なことについて具体的なエピソードも伝えられるよう、日々の様子を記録しておくとよいですね。

【 青山学院幼稚園 】

＊Web出願後に郵送する「資料2：健康について」に記入

保 護 者 記 入 欄				
フリガナ	シンガ タケト	性別	生年月日	西暦 20XX 年 ○ 月 ○ 日
志願者氏名	伸芽 岳斗	男		

該当するところに○印と必要事項を記入してください

既往症
（特 に な し）

心 臓 疾 患 （　才・病名　　　　　　　　　）
川 崎 病 （　才　）
腎 臓 疾 患 （　才・病名　　　　　　　　　）
大きなやけど（　才・部位　　　　　　　　　）
骨　　　折 （　才・部位　　　　　　　　　）
そ の 他 （　才・病名　　　　　　　　　）

今ある症状
（特 に な し）

鼻血が出やすい・風邪をひきやすい・高熱を出しやすい・
嘔吐しやすい・ぜんそく・アトピー性皮膚炎

予防接種
・（接種するようにしている）
・接種しない（本園では予防接種を受けることを推奨
　しています。接種しない理由をお書きください。）

理由

その他
・特になし
・幼稚園で健康上配慮すべきことがあればお書きくだ
　さい。（例：ウサギアレルギーのため、動物との接触
　を控えるようにしている。）

　好き嫌いやアレルギーはなく、年齢相応
の量をスプーンとフォークを使い、最後まで
座って食べます。おはしの使い方も練習中です。

その他、特別に注意されていることがあれば記入してください。

　健康と心身のよりよい発達のために、規則正しい生活と十分な外遊びを心掛けています。

Point 入園後の生活のための資料となるので、正しく記入しましょう。また、食生活やアレルギーを含め、家庭で認識し対応していることや課題があれば、その克服に向けて積極的に取り組んでいる姿勢などを伝えると園側も安心です。この下には医療機関の記入欄があります。

【 聖徳大学三田幼稚園 】

＊郵送で提出する願書に記入欄がある

入園前の状況	健康	現在の状況	基本的に健康ですが、季節の変わり目は風邪をひきやすく、副鼻腔炎や中耳炎になったことがあるため、気をつけております。	
		今までにかかった重い病気	特にありません。	
	性格について特にお気付きの点		明るく元気で、他人を思いやる性格です。公園でお友達が泣いていると、気遣って声掛けをすることがよくあります。	
	食事について		好き嫌いはあまりなく和食が大好きですが、煮たニンジンだけは苦手なようで、炒めるなど調理法を工夫しています。	
	保育施設等の利用状況		施設名　　なし	利用期間　　年　月から　年　月まで

Point 記入漏れと勘違いされないよう、重い病気の欄はかかったことがなくても空欄にはせず、かかったことがないとわかるようにしてください。食事については、偏食などがある場合は隠さずに記入し、家庭で心掛けていることを併せて書きましょう。

健康状態

【 東洋英和幼稚園 】

＊ Web出願後に郵送する「健康調査票」に記入

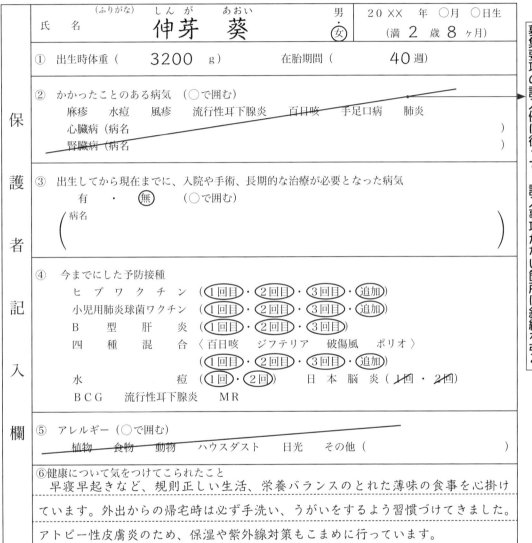

氏　名 （ふりがな） しんが あおい **伸芽　葵**	男・**女**	20XX　年　○月　○日生 （満 2 歳 8 ヶ月）

保護者記入欄

① 出生時体重（　**3200**　g）　　在胎期間（　**40**　週）

② かかったことのある病気　（○で囲む）
　　麻疹　　水痘　　風疹　　流行性耳下腺炎　　百日咳　　手足口病　　肺炎
　　心臓病（病名　　　　　　　　　　　　　　　　　　　　　　　　　　）
　　腎臓病（病名　　　　　　　　　　　　　　　　　　　　　　　　　　）

③ 出生してから現在までに、入院や手術、長期的な治療が必要となった病気
　　　　有　・　**無**　　（○で囲む）
　　（病名
　　　　　　　　　　　　　　　　　　　　　　　　　　　　　　　　　　）

④ 今までにした予防接種
　　ヒ ブ ワ ク チ ン　（**1回目・2回目・3回目・追加**）
　　小児用肺炎球菌ワクチン　（**1回目・2回目・3回目・追加**）
　　Ｂ 型 肝 炎　（**1回目・2回目・3回目**）
　　四 種 混 合 〈 百日咳　ジフテリア　破傷風　ポリオ 〉
　　　　　　　　　　（**1回目・2回目・3回目・追加**）
　　水　　　　　痘　（**1回・2回**）　　日 本 脳 炎（1回・2回）
　　ＢＣＧ　　流行性耳下腺炎　　ＭＲ

⑤ アレルギー（○で囲む）
　　植物　　食物　　動物　　ハウスダスト　　日光　　その他（　　　　　　）

⑥健康について気をつけてこられたこと
　早寝早起きなど、規則正しい生活、栄養バランスのとれた薄味の食事を心掛け
ています。外出からの帰宅時は必ず手洗い、うがいをするよう習慣づけてきました。
アトピー性皮膚炎のため、保湿や紫外線対策もこまめに行っています。

募集要項の記入例に従って、記入事項がない箇所は斜線を引く

Point
食育や早寝早起きの生活習慣なども含め、子どもの健康について面接でも質問されることが多い園です。成長過程を正しく伝えるとともに、子どもの健康について両親がしっかり把握し育児に臨んでいることを、具体的な方策を挙げて記入するとよいでしょう。

【 道灌山幼稚園 】

＊指定日に持参する願書に記入欄がある

幼児名　<u>伸芽　心春</u>

兄弟に卒園児・在園児が（　　いる　・　(いない)　）
いるに○をつけられた方はご兄弟のお名前、学年をご記入ください。

[　　　　　　　　　　　　　　　　　　　　　　　　]

ひまわり保育に入会して（　　いる　（　　　　　　組）・(いない)　）

安全にお子様をお預かりする為に入園に際し配慮を要する事項の調査
①　アレルギーについて　　（(あり)・　なし　）
　・食物　（(小麦)・　牛乳　・　卵　・　そば　・　エビ　）
　　　　　　上記以外の食品（　　　　　　　　　　　　　　　）
　・その他　（(花粉)・　ハウスダスト　・　薬品　）
　　　　　　上記以外のアレルゲン（　　　　　　　　　　　　　）
　・エピペンの所持（あり・(なし)）
※その他アレルギーに関しての憂慮事項があればお書きください
　ごく軽度ではありますが、小麦アレルギーの症状がございます。

　家庭では小麦使用食品の飲食には注意しております。

　　　　　　　　　　　　　　　　　　　　　　　　　　　　　

②　入園前、ケアを受けている方　　（　あり　・(なし)　）
　・ケア先の施設名　（　　　　　　　　　　　　　　）
　　　　　　　曜日（　　　　　）　時間（　　　　～　　　　）

③　その他の配慮を要する事項があればお書きください。
　アトピー性皮膚炎の症状がございます。保湿などの対策は日々

　しておりますが、時おりかゆみが強く出てしまう場合には塗り

　薬を使用しております。

Point　志望する幼稚園でどのようなアレルギー対応をしているかは、出願前に問い合わせて確認しておきましょう。その上で、普段は家庭でどのように対応しているか、実際の状況を記入することが大切です。入園後に必要な情報でもありますから、具体的に記入しましょう。

発育状況

【 麻布山幼稚園 】

＊出願時に提出する「面接資料」に記入

<table>
<tr><td rowspan="10">発育の様子</td><td>食事</td><td>よく食べる ・ 普通 ・ 食が細い ・ 好き嫌いが多い</td></tr>
<tr><td></td><td>お箸が使える・スプーン鉛筆持ち・スプーン上手持ち・スプーン下手持ち</td></tr>
<tr><td rowspan="2">アレルギー疾患</td><td>食物アレルギー　　　　　　　・特になし</td></tr>
<tr><td>・喘息　　　　　　　　　　　・その他（　　　　　　　）
・アトピー性皮膚炎
・じんましん</td></tr>
<tr><td>起床・就寝</td><td>起床（ 7 ）時 ・就寝（ 20 ）時 ・特に決まっていない</td></tr>
<tr><td>排泄</td><td>おむつがとれている・夜のみしている・トレーニング中・とれていない</td></tr>
<tr><td>ことば</td><td>・よく話す・発音が不明瞭・普通・あまり話をしない・一語文・二語文</td></tr>
<tr><td>幼稚園に入園後に注意して欲しい病気等</td><td>　ピーナッツアレルギーがあるため、口に入れないよう注意しています。</td></tr>
</table>

 Point 集団生活にあたって、発育および健康状況は幼稚園にとっても必要な情報です。アレルギーについては疾患の有無だけでなく、医師のアドバイスや日ごろの対処方法なども書き、園側も安心して預かり対応ができるようにわかりやすく伝えることが大切です。

【 サンタ・セシリア幼稚園 】

＊出願時に提出する「面接資料」に記入

<table>
<tr><td rowspan="8">現在の状況</td><td>発育状況</td><td colspan="3">良好 ・ 普通 ・ その他（　　　　　）</td></tr>
<tr><td>体のようす
当てはまる事柄に○をつけてください</td><td colspan="3">ひきつけをおこしやすい　　　風邪をひきやすい　　　　難聴である
下痢をしやすい　　　　　　　皮膚が弱い　　　　　　　弱視である
熱を出しやすい　　　　　　　咳が出やすい　　　　　　鼻血が出やすい
アトピー性皮膚炎　　　　　　喘息がある　　　　　　　転びやすい
食物アレルギーがある（　　　　　　　　　　　　　　　　　　　　　　）</td></tr>
<tr><td>歩きはじめた時期</td><td>0 歳 10 ヶ月</td><td>会話ができるようになった時期</td><td>1 歳 6 ヶ月</td></tr>
<tr><td>食事</td><td colspan="3">普通 ・ 少食 ・ 好き嫌いが多い</td></tr>
<tr><td rowspan="3">排泄</td><td>大便</td><td colspan="2">ひとりでできる　・　できない　・　援助が必要</td></tr>
<tr><td>小便</td><td colspan="2">ひとりでできる　・　できない　・　援助が必要</td></tr>
<tr><td>おむつ</td><td colspan="2">していない　・　している　・　夜のみしている</td></tr>
</table>

 Point 提出時点の子どもの様子を正しく記入し、コピーを取っておきましょう。面接の際に園側から質問された場合は、家庭での対応の様子、入園に向けてトイレトレーニングを行っていることなどを伝えられるようにしておいてください。

志望理由

【 星美学園幼稚園 】

＊出願時に提出する「家庭調査書」に記入

　娘にはキリスト教教育を通して、自分は愛されておりかけがえの
ない存在であることを知ってほしいと考えております。貴園の見学
会と未就園児向けの「星の子会」に参加させていただき、家庭的な
園風や先生方の温かいご指導にも感銘を受けました。娘は「せいび
の森」で在園のお兄さん、お姉さんと遊んでいただき、とても喜ん
でいました。ぜひ、マリア様の存在を身近に感じながら森の中でお
友達とのびのびと遊び、感謝の心やいたわりの心を育む機会を与え
ていただきたく、入園を希望いたします。

Point

キリスト教教育と家庭の教育方針とを自然な形でつなげると、志望理由が伝わりやすくなります。実際に園を訪ねた際の体験を交えながら、保護者の実感だけではなく子どもの反応も具体的に書くことで、幼稚園への理解度や親近感も知ってもらうことができます。

【 明星幼稚園 】

＊Ｗｅｂ出願時に入力

　志願者の父親は貴園および明星小学校の出身です。社会人になっ
た今、生活習慣から物の見方、考え方まで生きる力の基礎は貴園で
培われたものであると感じています。特に明星学苑伝統の凝念教
育である「みなしずか」は、日常生活で心を静めたいときや仕事で
大きな決断が必要なときなど、多くの場面で心の支えになっていま
す。今回説明会や公開保育で改めて貴園の教育の素晴らしさを実感
し、選んでくれた両親に感謝の念が湧きました。息子にも、握手で
のごあいさつに代表されるぬくもりに満ちた環境の中、お友達と一
緒に多彩な体験活動を楽しみ、充実した園生活を送ってほしいと思
います。そして生きる力を身につけ、社会で活躍するための第一歩
となることを願います。

Point

志望園が保護者の出身園であるケースです。その園ならではの行事や教育プログラムを挙げながら、在籍当時の思い出や、保護者の人間形成や人生において大きな影響を与えた事柄など、出身者だからこそ語れることを記入するとよいでしょう。

志望理由

【 洗足学園大学附属幼稚園 】

＊Ｗｅｂ出願時に入力

　　わが家では「自分で考えて選び、選んだことに責任を持って前向きに取り組むこと」を教育方針としています。娘が社会に出るころには産業や働き方の多様化がさらに進み、既成概念にとらわれていては生き抜けないと思います。娘には柔軟な考え方や対応力を身につけてほしいと考えており、貴園の「自らの力」で育つという目標はまさに私どもの願いを実現させてくれるものだと確信しました。また、親子のための音楽会やミュージカルなど、音楽大学系列ならではの行事が充実していることにも魅力を感じています。両親は大学時代にオーケストラ部に所属していました。今でも友人たちと演奏を楽しむことがあり、娘も習い始めたバイオリンで参加しています。子どもが自然に遊びだし、夢中になれるような環境に恵まれた貴園で個性豊かに成長すること、そして音楽に親しみ楽しさをお友達と共有できるようになることを願い、入園を志願いたします。

Point　志望理由にはさまざまなものがあると思いますが、その家庭らしさがより伝わる点を具体的に挙げ、園の特色と結びつけられると印象に残りやすくなるでしょう。どのような家庭か園側に興味を持ってもらうためにも、志望理由の材料選びは大切です。

【 愛育幼稚園 】

＊指定日に持参する願書に記入欄がある

　　娘には多くのことに挑戦し、経験を自信につなげ、自分と他者を大切にできるようになってほしいと思っています。「なごやかな雰囲気の中で、のびのび活動させ、社会性を円満に伸ばし、情緒面の調和的な発達を図る」という貴園の教育方針に強く共感しております。また説明会に参加した際、それぞれの家庭に寄り添い、お導きくださるという、園長先生の愛情あふれるお言葉に感銘を受けました。温かさに満ちた貴園で、「親も育ち、子も育ち」というお考えのもと、娘とともに学ばせていただきたいと願っております。

Point　願書は「貴園に入れていただきたい」というお願いですので、謙虚さが大切です。親も子どもと一緒に学び成長していきたいという姿勢が伝わるだけでなく、実際に説明会で見聞した事柄も記入するなど、園に対する理解や思いも感じることができる志望理由を目指してください。

志望理由

【 サンタ・セシリア幼稚園 】

＊郵送で提出する願書に記入欄がある

娘には何事にも感謝の心を持ち、自分自身と周りの人を大切にする子どもに育ってほしいと願っております。貴園を見学した際には、園児の皆さんの朝のお祈りや元気よくあいさつをする姿に感嘆いたしました。また、先生方が園児たち一人ひとりの声に耳を傾け、真摯に接してくださる姿に感銘を受けました。自然とふれ合う遊び、祈りや体験を通した学びなど、バランスのとれた教育内容に大きな魅力を感じております。このような素晴らしい環境のもとで人間形成の土台を築き、謙虚な気持ちと相手を思いやることのできる豊かな心を育んでほしいと思い、志望させていただきました。

 Point

「カトリック教育に基づいて豊かな心を育て、一人ひとりの個性を生かす」「豊かな自然の中でのびのびと遊び健全な精神を育成する」などの特色を持つ園です。それらをよく理解し、園に足を運んだ際の感想や子どもの様子、家庭の教育方針を織り交ぜて記入しましょう。

志望理由・教育方針

【 聖学院幼稚園 】

＊指定日に持参する願書に記入欄がある

志望動機	貴園の説明会で、幼稚園は「心を育てる場」というお話をうかがい、感銘を受けました。また体験入園で物おじする息子に対し、先生方が自然と気持ちが向くように接してくださったことも強く印象に残っています。息子自身もとても楽しんだようで、よくそのときの話をしています。貴園の「よく遊ぶ　よく祈る」生活で神様と人を愛し、愛される経験を重ね、感性豊かで思いやりのある子に育ってほしいと願い、入園を希望いたします。
家庭での様子	人は多くの人の支えがなければ生きていけません。人とのかかわりは生きるための基本です。その始まりはあいさつであり、それもただ言えばいいのではなく、必ず相手と目を合わせ、気持ちを込めて行うよう息子に伝えています。また、いろいろなことを体験させたいと思い、2歳からスイミング、3歳から音楽教室に通っています。水泳や音楽の楽しさ、ねばり強く取り組むことの大切さを知り、達成感を味わい自信をつけてほしいと考えています。

 Point

公開行事にはできる限り参加して、印象や感想、子どもの様子などをメモしておき、その内容を生かして志望動機が具体的に伝わるように書けるとよいですね。家庭教育については、大切にしているポイントを絞り、両親の思いや取り組みを伝えてください。

志望理由・教育方針

【 湘南白百合学園幼稚園 】

＊考査当日に持参する「出願時添付書」に記入

家庭における教育方針	幼稚園志望理由
心身ともに健康で、何事にも感謝の心を抱き、相手の気持ちになって考え行動できる子に育ってほしいと願っております。日ごろからあいさつの大切さを教え、公共の場でのマナーについては、親が模範を示し、教えています。しかるよりも、うまくできたときにほめて励まし、理解を深めることで自然と身につけられるよう導いてまいりました。また、主体性を尊重し、興味を持ったことに挑戦させるよう心掛けています。最近では、お手伝いも積極的に行うようになりました。	知人のお嬢さまが貴園に通園しております。年少のころから年長・年中の皆さんに愛情深くお世話をしていただき、自然と年下の子にも思いやりの心を持って接するようになったそうです。娘も同じ環境のもと、優しい子どもに育ってほしいと願っております。また、自分で"お仕事"を選んで取り組み、先生方が温かくサポートしてくださるモンテッソーリ教育に強い魅力を感じております。ぜひ娘にも成長する機会を与えていただきたく、入園を志望いたします。

家庭における教育方針は、志望理由に直結するような両親の考えや実践していることなどを具体的に書きましょう。志望理由は宗教教育、モンテッソーリ教育など園の特色とよさを十分に理解し、わが子にもその教育を受けさせたいという願いが伝わるようにまとめましょう。

【 東京学芸大学附属幼稚園小金井園舎 】

＊指定日に持参する願書裏面に記入欄がある

本園を志願する理由	知人のお子さんが貴園に在園しており、楽しそうな様子をうかがっておりました。息子にも同じような時間を過ごさせたいと思ったのが志望のきっかけです。そして幼稚園説明会に参加し、質の高い遊びを通して、自ら「感動し、考え、行動する」能力を育むという考えに共感いたしました。日常の様子や行事の写真からも保育の充実ぶりがうかがえました。大学の構内で豊かな自然に囲まれていることも理想的な環境だと思います。ぜひとも「子どもも大人も一緒に育ち合う」園生活を通して、親子で成長したく志願いたします。
家庭の教育方針	息子には思いやりの心と、自分の判断で行動する強さを持った人間に育ってほしいと願っています。思いやりの心は、人に思いやりや優しさを持って接してもらった経験の積み重ねにより育つものだと思います。そのため親自身も子どもの気持ちに寄り添えているかを常に意識し、息子がお手伝いをしたときは「ありがとう」などと必ず声をかけ、自分の行いが人を喜ばせ、役に立てているという実感を持たせるようにしています。また子どもの興味・関心や意欲を大切にし、好奇心を育てるような環境づくりを心掛けています。

「人や身近な環境にかかわる中で、主体性と協同性をもち、明るく伸び伸びと自己発揮する子どもを育てる」という教育目標を掲げる園です。この目標や、遊びを通して感性や考える力を養うという方針を踏まえ、家庭の教育方針との合致点や大切にしていることを書いてください。

志望理由・本人の性格

【 昭和女子大学附属昭和こども園 】

＊郵送で提出する願書に記入欄がある

本園を志望する理由		本人の性格	※ 特に園に知らせておきたい点がありましたらご記入ください
志願者の母親が幼稚園から高校まで貴学園で学び、教育理念に共感を覚えていました。娘も同じ環境で育てたいと思い、入園を志望いたします。上級校の学生さんたちともふれ合いながら、「地球のこども」としての基礎を培えるよう願っています。	長所	活発でご近所の方にもかわいがられています。公園で寂しそうなお友達に声をかけるなど優しさもあります。	わが家は共働きですが、母親は子どもと過ごす時間を大切にしたいため、時短勤務をしております。祖父母も貴園の近くに住んでおり、緊急時の送迎などに対応できます。
	短所	思うようにいかないと意欲が低下することがあります。根気強さを身につけられるよう、導いています。	

Point 志望理由欄はあまりスペースがないので、なぜこの園に入れたいと思ったのか言葉を吟味して書きましょう。また、本人の性格は普段の様子も伝わるようにまとめてください。園に知らせておきたいことには、子育ての協力態勢などを記入するとよいでしょう。

共感した点

【 湘南学園幼稚園 】

＊考査当日に持参する「調査書」に記入
湘南学園幼稚園の教育についてどの点に共感されましたか。

　貴園の、「あそび」とは「他人から強制されたりせず、自分の要求にしたがって行動し、喜びや満足感を感じること」というとらえ方、その「あそび」を生活の中心とする教育に共感しています。幼児は遊びから学ぶといわれます。大人が子どもの遊びについて考えるとき、つい大人が主導し「遊んであげる」、あるいはおもちゃなどを「与えてあげる」となりがちで、それは本当に学びにつながるのだろうかと感じていました。そんなとき貴園の子どもの要求を尊重する教育方針を知り、答えを見つけた思いでした。その後、参加させていただいた説明会やたんぽぽ広場での園長先生のお話、先生方の子どもたちへの接し方からも、子どもを一人の人間として尊重し、思いに寄り添っていく姿勢がうかがえました。息子には人間形成のうえで大切な時期を貴園でのびのびと過ごし、自分で考え行動できる力を身につけてほしいと願っています。

Point 幼稚園への理解と家庭の教育方針が一致している点について述べることが大切です。建学の精神を理解し、その考えにどのように共感したのかを率直に伝えましょう。また未就園児向け行事に参加した場合は、その際の子どもの様子や感想などを加えてください。

面接の種類から当日の心構えまで詳しく解説！

合格を引き寄せる面接対策

面接本番に自然体で臨むのは親子ともに難しいもの。ご家庭のよさを最大限にアピールすることができるよう、十分に面接対策をすることが大切です。面接官は何を見て、どのような質問をするのか。実際の場面を想定し、シミュレーションをしておきましょう。

- 面接で幼稚園側は何を見ているのか
- 親子一緒に練習をする
- 好印象を与える服装を選ぶ
- 持参するものを準備する
- 親と子の心構え
- 控え室での過ごし方
- 入室時の注意点
- 着席時の注意点
- よい応答のポイント
- 退出時の注意点
- 面接の心得 20

面接で幼稚園側は何を見ているのか

幼稚園の面接試験は、どのように行われているのでしょうか。
面接の形式は、幼稚園ごとに違いがありますので注意しましょう。
ここでは面接の種類とその内容、幼稚園側が見るポイントについて説明します。

■まずは面接の形式を確認

　面接の内容は幼稚園によってさまざまですが、面接形式は保護者のみで行う保護者面接と、保護者と子どもが一緒に行う親子面接に大きく分けられます。また、正式な面接という形式ではありませんが、子どもは考査中に言語課題として、面接と同じような質問をされることがあります。

■保護者面接のポイント

　保護者面接は、家庭の雰囲気や子どもを取り巻く状況を確認するためのものです。質問は、保護者の人柄、教育方針、子どもへの接し方、志望理由などについてが多いのが特徴です。一番大切なことは、育児や教育において両親が共通の見解を持っているか、父親も子育てに協力し、夫婦間に温かい信頼関係があるかどうかです。よく聞かれる質問項目について、事前に両親で話し合っておきましょう。

■親子面接のポイント

　親子面接では、家庭の雰囲気、子どもへの接し方、父、母、子のかかわり方のバランスなどを見ています。子どもに対する質問では、子どもの答えそのものだけでなく、両親が子どもを信頼し、落ち着いて温かく見守っているかもポイントです。普段の親子の関係性が表れるので、うまく答えることを考えるより、日ごろから温かい家庭生活を送り、自然な一体感がにじみ出るようにしておくことが大切です。

■本人への言語課題のポイント

　考査の途中で行われる言語課題の質問内容は、名前、年齢、普段の遊びやお友達のこと、好きなものなどです。回答を受けて質問が発展していくこともあります。

　ねらいとしては、年齢相応の基本的な生活習慣、態度、話す力、聞く力、理解力などが身についているかどうか、幼稚園で楽しく活動できる素地があるか、親と良好な関係が築けているかどうかなどを見られます。特に正しい答えはありませんが、答えているときの様子を見られていることを覚えておきましょう。相手に対して気持ちを開いて対応できることが大切です。

保護者面接

親子面接

● 面接日までに

親子一緒に練習をする

いざ面接となると、ごく当たり前の質問でさえ緊張し、
何を言えばよいのかわからなくなってしまうことも……。
そうならないためにも、下記のポイントを押さえた練習をしておきましょう。

■自分の言葉で答えられるように

決まった質問に答える練習だけでは想定外の質問をされたとき、両親、あるいは親子間の答えにずれが生じてしまうこともあります。当然、面接官は「よく理解し合っていない」「子どものことをよく見ていない」という印象を持つでしょう。大切なのは親子で普段からよく話し合い、コミュニケーションを取り、お互いを理解し合うことです。たくさん会話をして、子どもが思ったことを言葉で表現できるようにしておきましょう。親が一緒でも、自分で考え、自分の言葉で話そうとする姿勢は大事なポイントです。

きらいな
たべものは
ピーマンです

■適度な緊張感と自覚を持たせる

好きな遊びは
何ですか

面接の本番では、幼児は甘えや緊張感から姿勢が崩れたり、言葉を発することができなくなったりします。面接の練習は、子どもに適度な緊張感と自覚を持たせて行うことをおすすめします。面接当日は普段通りに振る舞えるよう、「○○してはダメ」などと強制することのないようにしましょう。

■おじぎとあいさつの練習を

座っているときや両親が話しているときは、キョロキョロせずに面接官のほうを見る。

面接室への入退出時には、おじぎとあいさつができるようにします。とはいえ2、3歳児には難しいもの。うまく言葉が出なければ、おじぎをするだけでも構いません。面接中に両親から離れられない、質問されるたびに親に助けを求める、などということがないよう、自信を持たせましょう。答えられないときでも何かを伝えようとする姿勢が大事です。両親も笑顔で見守る温かさを忘れないようにしましょう。

■おじぎの仕方と座り方

きちんとしたおじぎのポイントは、背筋を伸ばしてしっかり立つこと。そして相手に向かって45度くらい上体を曲げて頭を下げることです。手は自然に前でそろえます。

いすに座るときは、浅めに座り背筋を伸ばします。足が床につかないときは、保護者がサポートしてください。手はひざの上にそろえて置きます。

好印象を与える服装を選ぶ

服装で合否が決まるわけではありませんが、
外見は第一印象のよし悪しを左右する大きな要素です。
親子で統一感があり、幼稚園側に好感を持ってもらえる服装を選びましょう。

■洋服の色や形はどのようなものがよいか？

●保護者：父●

紺やグレーなどの落ち着いた色の、一般的なデザインのスーツが基本。目立つようなストライプは避けます。ワイシャツは白で、ネクタイは抑えた色目を選びましょう。

●保護者：母●

シックな色合いのスーツかワンピースで、ひざが出ない長さのもの。靴はフォーマルなタイプで低めのヒールが基本。落ち着いた雰囲気を。

●子ども：男児●

白いシャツに紺のベストと半ズボンなど、清潔感があり動きやすいもの。靴はフォーマルなものか、服装に合わせシンプルなものに。

●子ども：女児●

清楚な印象のシンプルな紺やグレーのワンピースに、必要に応じてボレロやカーディガンを。またはアンサンブルが基本です。靴はフォーマルなものを合わせます。

メークやアクセサリーは？

●メーク
・自然な印象のメークを心掛ける。
・目立つ色のアイシャドー、つけまつ毛は避ける。
・派手な色の口紅は避ける。

●アクセサリー
・華美な指輪やブレスレット、イヤリングなどはつけない。
・ネックレスはパール程度。ロングは避ける。

●ヘアスタイル・マニキュア
・長い髪はスッキリまとめる。極端な茶髪はNG。
・マニキュアは透明感のあるもの。ネイルアートは避ける。

子どもの身だしなみ

前髪は目にかからないように短くします。髪の長い女児は動くときに邪魔にならないように結び、目立つ髪飾りは避けます。試験当日の服装は、清楚で動きやすいものを選びましょう。事前に何度か着せて慣れさせておくのがポイントです。女児はオーバーパンツもあるとよいでしょう。

爪も試験前までに、きれいに切っておきたいものです。ハンカチ、ティッシュペーパーは普段から携帯するようにし、当日持たせるものは派手な色を避けましょう。

持参するものを準備する

受験当日は慌ただしく、緊張もしています。
不備のないよう、持っていくものは早めに準備します。特に受験票などの大切なものは、
当日に再度確認することを忘れないようにしましょう。

受験票、出願書類のコピー

受験票の有無は真っ先に確認を。ないと受験できません。出願書類のコピーは受験当日までに何度も読み返し、内容を覚えておきましょう。

幼稚園から指示されたもの

子ども用の上履きは、見えないところに名前などを書いておきましょう。保護者用のスリッパは、紺や黒などの控えめな色で布製のものを選びましょう。

ハンカチ、ティッシュペーパー

子どもが携帯するティッシュペーパーは、取り出しやすいよう何枚か折りたたんでポケットからはみ出ないように入れる、など工夫しておきましょう。

着替え（靴下・下着など）

雨天やおもらしなどでぬれたときのために用意しておくとよいでしょう。

ばんそうこう、安全ピン、ソーイングセット

思わぬけが、服のほつれ、考査のゼッケンの調整などに備えてあると安心です。

雨具（傘・レインコートなど）、ビニール袋

傘袋もあると便利です。ビニール袋はゴミやぬれたもの入れに重宝します。

飲み物、折り紙、絵本

考査や面接までの待ち時間に必要です。絵本や折り紙など、子どもが飽きずに静かに過ごせるものを用意しましょう。

メモ帳、筆記用具、辞書

書類の記入や幼稚園からの連絡事項のメモなどに使います。当日アンケートなどを書くときは、辞書もあると便利です。

ハンドバッグ、補助バッグ

ハンドバッグには受験票や出願書類のコピー、財布、ハンカチ、ペンなど、よく出し入れするものを入れます。補助バッグには、そのほかの持ち物を入れます。布またはビニール製の無地で、色は紺か黒を選ぶとよいでしょう。

☑ 当日の持ち物チェックリスト

- □ 受験票、出願書類のコピー
- □ 幼稚園から指示されたもの
- □ ハンカチ、ティッシュペーパー
- □ 着替え（靴下・下着など）
- □ ばんそうこう、安全ピン、ソーイングセット
- □ 雨具（傘・レインコートなど）、ビニール袋
- □ 飲み物、折り紙、絵本
- □ メモ帳、筆記用具、辞書
- □ ハンドバッグ、補助バッグ

※ほかにも必要なものがあれば用意しておきましょう。

親と子の心構え

親の不安は子どもに伝わるものです。
面接当日も、子どもには普段と変わらない態度で接することが大切です。
落ち着いて、優しく、頼れる親を目指しましょう。

■家を出る前にやっておくこと

幼児は眠気や空腹などにより不機嫌になることがあります。面接や考査の日程が決まったら、その時間にベストな状態で臨めるよう、生活リズムを整えておくことが大切です。面接当日は普段と同じように朝食をとりましょう。面接で食べてきたものを質問されることがあるので、食べながら「○○ちゃんの好きなおかずにしたの。おいしいね」などと声をかけるとよいでしょう。食後は、出かける前までにトイレを済ませておきます。

おいしいね

■試験会場へ向かうときに会話を

試験会場には集合時間の15～20分前に到着できるようにします。道中は普段と違う雰囲気に緊張する子もいますが、両親との外出がうれしくてはしゃぎ過ぎてしまうことも。幼稚園に入園すると、少しお兄さん、お姉さんになることなどを話して気持ちを落ち着かせましょう。面接で「今日は誰とどうやって来ましたか」などの質問をされることもあるので、登園方法を子どもと確認しながら向かうのもよいでしょう。

■やってはいけないこと

・子どもに対して普段と違う扱いをする。
・受験用の服を初めて着せる。
・親が緊張して硬い表情になる。
・「あとで何か買ってあげる」「どこかに連れていってあげる」などと言う。
・「早くしなさい」などと注意したり、しかったりして余計な緊張感を与える。
・試験前に「失敗しないでね」などとプレッシャーを与える。

早くしなさい!!

控え室での過ごし方

園内ではいつどこで見られているかわかりません。
周囲の家族や、動き回っているほかの子どもに惑わされることのないように、
待っている間も気を抜かずに落ち着いた態度で過ごしましょう。

面接試験は受付から始まっている

　受験当日は、受付、靴の着脱、名札の扱い方、控え室での過ごし方などすべてが試験の一部と考えてください。控え室では子どもが落ち着いて静かに待てるよう、絵本や折り紙などを持参するとよいでしょう。当日の流れや注意などが掲示されていることもあるので、注意してください。控え室に先生が説明に来られたときは、親子とも立って迎え、すすめられてから着席するようにしましょう。

○ よい例

- 折り紙をしたり、絵本を読んだりして静かに過ごす。
- 落ち着いて座っている。
- 声を出すときは小声にして、周りの迷惑にならないように配慮する。

✕ 悪い例

- 子どもが勝手に立ち歩いて、はしゃいだり、ふざけたりして落ち着きがない。
- 音の出る玩具で遊んでいる。
- 大声で話している。
- 親がスマートフォンで話している。

控え室 Q & A

Q 子どもが落ち着きがなく、スマホで動画を見せると静かになります

A 園内では基本的にスマートフォンの使用は慎むべきでしょう。普段から絵本や折り紙などで遊ぶ習慣をつけ、お気に入りのものを持参しましょう。子どもが落ち着いて待てるようになるには、普段からけじめある生活をし、両親が場に応じた態度を示すことが大切です。

Q 控え室に用意されたお茶は飲んでもよいですか？

A 構いませんが、飲み過ぎてトイレに行きたくならないように注意しましょう。

Q 子どもが泣きだしてしまったらどうしたらよいですか？

A 泣きだしたお子さんを責めるのではなく、泣きやませることを優先して、心身ともに落ち着くまで待ちましょう。

入室時の注意点

親子面接では、父親がリードして、子どもと母親の順に入室します。
これら一連の動作から、家庭の様子がわかります。きちんとした家庭であることを印象づけましょう。
控え室から面接室への移動や入室にいたるまでの手順は、幼稚園側の指示に従います。

父親がリードする雰囲気を

　親子面接では、まず父親がドアをノックし、応答を確認してドアを開け、「失礼いたします」と言います。父親、子どもと母親の順に入室して、母親がふり向きゆっくりとドアを閉めてください。全員で一礼しあいさつをして、いすのほうに進みましょう。座る前に「よろしくお願いいたします」と言った後、全員でおじぎをします。ただし、形にこだわり過ぎて子どもを緊張させないよう注意しましょう。

 よい例

- 父親がリードしながら、子どもと母親が手をつないで静かに入室する。
- 3人そろっておじぎをする。
- おじぎの前後は面接官の目を見る。

✕ **悪い例**

- 両親と手をつないだ子どもが喜んでしまい、はしゃぎながら入室する。
- おじぎをしながら、あいさつをする。
- 家族バラバラにおじぎをする。

入室 Q & A

Q 志望園では面接時のあいさつは不要と聞いたのですが

A 時間短縮のために、おじぎやあいさつは不要とする幼稚園があります。園の指示があるときは、それに従いましょう。面接会場もドアをノックし、開けて入室するところが多いようですが、先生がドアを開けてくださったり、ドアがなかったりする場合もあります。

Q 荷物はどこに置けばよい？

A 面接のとき荷物を置く場所は、幼稚園の指示に従いましょう。貴重品以外は控え室に置く、面接室内や部屋の外に荷物置き場が用意されている、などのパターンがあります。荷物置き場がなく、特に指示もないときは面接室に携行し、座るいすの横に置きます。

・いよいよ面接

着席時の注意点

多くの方が初めて経験する幼稚園受験の面接。
緊張していても心を落ち着けて、子どもがきちんと座れたかどうかなど
状況を見る余裕を持ちましょう。

正しい座り方をマスターする

　いすの下座側に、足をそろえて立ちます。面接官に着席をすすめられたら、父親は「失礼いたします」と言い、母親と子どもを気遣いながら座りましょう。母親は子どもがきちんと座れるようサポートしてから着席します。両親は上体を傾けたり、足元を見つめたりせず、顔は面接官に向けながら、いすに正しく座ります。全員が着席したら、面接官のほうを見て質問を待ちましょう。

正しい座り方

①

②

③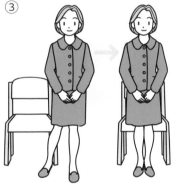

④

いすの下座側に足をそろえて立つ。

外側の足を踏み出す。つま先は内側に傾ける。

内側の足をいすの前に移動し、外側の足を引き寄せ、そろえて立つ。

衣服を整えて静かに腰を下ろし、姿勢を正す。

着席 Q & A

Q 子どもはいすに座ると姿勢が悪くなるので、困っています

A 姿勢がよいと好印象を持ってもらえます。姿勢よく座るには、家庭でしつけることが基本です。まずは、いすが体に合っているかを確認しましょう。足が床に届かない場合は、足置き台などを用いて足をそろえて座る感覚を身につけます。背筋を伸ばして浅く座ることも大切です。

Q 子どもが親から離れないときは？

A 子どもをひざに座らせて面接を受けてもよいか尋ねましょう。落ち着いたら自分のいすに座らせるようにします。

Q 指示がある前に子どもが座ってしまったら

A 子どもが想定外の行動をとっても、しからず落ち着いて接することが大切です。

よい応答のポイント

正しい姿勢で、質問者のほうを向き、しっかりと目を見て答えること、
素直に自分の言葉で答えることが大切です。自分以外の人が応答しているときも、
きちんとした姿勢で耳を傾けましょう。いつでも見られていることを忘れないでください。

明るい表情で落ち着いた態度を

両親は礼儀正しく自然な言葉遣いを心掛けましょう。たとえば、「私（わたくし）どもは」「○○でございます」などを用います。ただし丁寧過ぎて敬語の使い方を間違えると逆効果です。子どもの両親の呼び方は「パパ」「ママ」でも「お父さん」「お母さん」でも構いません。質問がわからないときでも答えようとする姿勢が大切ですが、先生が質問を変えてくれることもありますので親は見守りましょう。

○ 子どもの応答・よい例

- うまく答えられなくても、きちんといすに座り、相手をしっかり見て話す。
- 名前、年齢、好きな遊びなど、よく聞かれる質問にすぐ答えられる。

✕ 子どもの応答・悪い例

- 悪い姿勢で座り、足をブラブラさせる。
- 質問している人を見ないで答える。
- 質問がわからないと、沈黙してしまう。
- 応答している途中でいすから降りたり、舌を出したり、顔をしかめたりする。
- 自分への質問が終わると動き回る。

○ 両親の応答・よい例

- 幼稚園案内を読み込んだり、幼稚園訪問をしたりするなど、園についての理解を深め、具体性のある話ができる。
- 願書に記入した通りの応答ができている。
- 答えている子どもを温かく見守っている。
- 明るい表情で、子どもへの愛情や教育への熱意が感じられ、子どもに対して共通理解を持っている。
- 父親か母親の一方が答えているとき、もう片方はうなずくなど一体感がある。

✕ 両親の応答・悪い例

- 書いたものを読み上げるように答える。
- ぞんざいな言葉遣いをしたり、背もたれに寄りかかったりするなど横柄な態度をとる。
- 志望動機が不明確で、志望園の知識がない。
- 願書の記入内容と応答が食い違っている。
- 父親か母親の一方が話しているときに、もう片方が話を聞いていない。
- 一方の応答に対して「どう思われますか？」と聞かれたときに「私も同じです」とだけ言い、自分の意見を言えない。

退出時の注意点

面接が終わったからといって態度を崩すようなことがないように、
最後まで気を抜かずに行動しましょう。面接官はベテランです。
ささいなことで、今までの態度がそのときだけのものであることを見破ってしまいます。

礼を重んじる温かい家族像を

面接が終わったら、立ち上がっていすを元の位置に戻し、全員で「ありがとうございました」とあいさつをした後、深めのおじぎをします。あいさつははっきりとした声で、面接官に聞こえるように言いましょう。父親、子ども、母親の順にドアまで歩き、ドアの手前でふり返り、会釈程度のおじぎをします。父親がドアを開け、母親、子ども、父親の順に退出し、父親がドアを閉めます。

○ よい例

- 父親がリードして、子ども、母親の順にドアへ向かう。
- 入室したときと同じように3人そろっておじぎをし、退出する。

✕ 悪い例

- あいさつを忘れたり、子どもが先に退出したりする。
- おじぎをしながらあいさつをし、3人がバラバラにドアに向かう。
- いすを戻さずにそのまま退出する。
- 退出した途端に大きな声でしゃべる。

退 出 Q & A

Q 退出時に、最後にドアを閉めるのは母親でもよいですか？

A 父親がドアを開け、母親、子どもを通し、父親が閉めるのが一般的ですが、父親がドアを開けて子どもを通し、ドアノブを母親に預けて、母親が閉めるのもよいでしょう。両親のどちらがドアを閉めるにしても、統制がとれていれば、好感度が高まります。

Q ドアの閉め方は？

A 静かに閉めます。最後まで気を抜かずに注意を払うようにしましょう。

Q 面接でうまく答えられなかったことが気になるのですが

A やりとりがうまくいかなくても、気にせず落ち着いて、最後まで丁寧な姿勢を崩さないようにしましょう。

面接の心得20

01 志望理由、家庭の教育方針、子どもの長所・短所など、質問されることの多い事項を両親でよく話し合っておきましょう。

02 丁寧語がよいからと、子どもに「〜です。〜ます」と言うように強要しないでください。子どもらしさが損なわれ、不自然になります。

03 持参する書類（受験票、願書のコピーなど）を確認しましょう。記入事項に漏れがないか、チェックも忘れないようにしましょう。

04 待ち時間を考えて、子どもが飽きないように絵本、折り紙などを用意しましょう。玩具の持ち込みは避けたほうが無難です。

05 幼稚園側から特別な指示がない場合、指定された時刻より15〜20分前に着く余裕を持ち、駆け込みは絶対にやめましょう。

06 交通手段は公共の交通機関を使い、自家用車の利用は避けましょう。駐車場の問題もあり、車での来園を断る幼稚園がほとんどです。

07 遅刻は厳禁です。ほとんどの幼稚園では、どんな理由でも受験資格を失います。面接の時刻に合わせて移動時間を調べましょう。

08 上履き持参かどうかを確かめ、持参する場合は靴をしまう袋を用意します。雨の日は、ビニール袋を持っていくと便利です。

09 子どもは初めての場所では緊張から話せないこともあるため、幼稚園には楽しいことがたくさんあるという期待感を持たせましょう。

10 子どもは、初めて着る服に緊張することが多いものです。当日着せる服は、前もって何度か袖を通しておく配慮も必要です。

11 入退室のときに、子どもが面接官の先生にあいさつをしなかったからといって、頭を押さえるなど、礼儀を強要しないでください。

12 いすの形状によって幼児は座りづらいことがあります。保護者は子どもがきちんと座れるようサポートしてから、座りましょう。

13 質問に気を取られ、子どもへの配慮を忘れてはなりません。子どもが不安な様子をしていたら、笑顔を送る余裕を持ちましょう。

14 子どもが答えに詰まっても、保護者はイライラしないことです。保護者の緊張が顔に出ると、子どもは敏感に反応します。

15 子どもが質問に答えられないからといって、保護者が横から答えを教えるのはよくありません。面接官の次の質問を待ちましょう。

16 幼稚園側は保護者の反応にも注目しています。子どもが答えられなかったときは、焦らず温かく見守ることが大切です。

17 無口な父親は、必ずしも印象が悪いわけではありません。母親が口を出し過ぎると、悪い印象を与えることにもなりかねません。

18 父親が子どもの予防接種の時期などを言い間違えても、母親は不快な顔をしないでください。非難より事前の確認が大事です。

19 幼稚園によっては、答える時間が短い場合もあります。子どものことや教育方針を簡潔明瞭に伝えられるようにしておきましょう。

20 幼稚園側は、経済的な基盤が確立し、堅実で明るい家庭の子どもを求めています。このことをよく踏まえて面接に臨みましょう。

面接でのQ＆A

幼稚園側が面接で知ろうとしているのは、子どもの資質、家庭の教育方針などです。ここでは面接でよく聞かれる質問と答え方の事例をご紹介します。父親と母親、本人それぞれにどのような質問がされ、それにはどのような意図があるのかを理解しておきましょう。

- 志望理由は明確か？
- 両親が子どもをどうとらえているか？
- 家庭の教育方針は何か？
- 夫婦・親子関係、祖父母との交流は？
- 子育てで大切にしていることは？
- 家庭以外での様子は？
- 父親への質問
- 母親への質問
- 幼稚園生活に適応できる健康状態か？
- 保護者の仕事で幼稚園生活に影響は？
- さまざまなトラブルへの対処法は？
- 通園時間と幼稚園への協力態勢は？
- どのような受験準備をしたのか？
- 説明会などで感じた幼稚園の印象は？
- 社会問題に対する考え方は？

子どもへの質問
①本人のことについて
②家族のことについて
③集団生活について
④生活常識について
⑤試験当日や幼稚園のことについて
⑥親子のかかわりについて

※ご紹介している面接での答え方は一例です。参考資料としてお考えください。事例の通りに答えれば合格するわけではないことを、ご了承ください。

Q 志望理由は明確か？

よくある質問

● 本園をどうして志望されたのか理由をお話しください。

● 本園の教育理念や教育目標についての考えをお聞かせください。

● 本園の教育に期待することは何ですか。

● 女子だけの教育を選ばれた理由についてお話しください。

● 入園について、お子さんにはどのように説明されましたか。

答え方事例

Aさんの場合  もう一歩

貴園の公開保育を見学し、子どもの思いに寄り添った先生方の様子に感銘を受けました。在園中の方からも、園生活や先生の熱心なご指導についてうかがい、わが子を学ばせたいと思いました。

Bさんの場合  よくできました

わが家では息子の興味・関心を伸ばしたいと考えており、本人が大好きな昆虫飼育には、親子で取り組んできました。わが家で大切にしている「自主性の尊重」が、貴園の教育方針と一致することから、入園説明会に参加しました。先生方の熱い思いをうかがい、入園への思いが一層強くなりました。息子には人としての基礎ができあがる大切な時期に、貴園で学ばせていただくことにより、個性を伸ばして成長できることを期待しています。

Cさんの場合  NO!

自宅から近いので通園が便利で安心なことと、制服がかわいいこと、また、有名幼稚園なので祖父母も納得すると思い、志望いたしました。

ポイント

志望理由は必ず聞かれる面接の関門

志望理由は幼稚園側が一番関心を寄せる質問です。幼稚園への理解や共感、家庭の教育方針を考慮したうえで幼稚園を選択していることを主張できる絶好の機会となります。

そのため、「貴園の教育理念に感銘を受けました」「私も同じ意見です」などの、印象に残りにくい抽象的な発言はNGです。幼稚園の教育理念のどのようなところが家庭の教育方針と合っているのか、より具体的な説明が必要です。自身で見聞きして考えをまとめ、明確な表現で伝えましょう。

重要なことは、両親が志望園を十分に理解して、なぜその幼稚園に子どもを通わせたいのかをよく話し合うことです。考えをきちんとまとめて、関門を突破しましょう。

Q 両親が子どもをどうとらえているか？

意図 子どもの個性を伝えるPRタイム。両親の子育てへの思いを知るための質問です。

よくある質問

- どのようなお子さんですか。
- お子さんは何をして遊ぶのが好きですか。
- お子さんの長所と短所をお話しください。
- 本園のどのようなところがお子さんに合うと思われますか。
- お子さんの名前の由来をお話しください。

よい答え方事例

とても活発な子で、「公園で遊びたい」と毎日せがまれます。また、好奇心も旺盛で、外出中に見かけた鳥や花、車を絵に描いて覚えたり、わからないことを大人に聞いたりします。これからも園生活や学校生活を楽しみながら、好きなことや夢中になれることを見つけていってほしいと思います。

＊子どもを応援している家庭環境がうかがえます。

悪い答え方事例

うちの子は人見知りが激しく、本番に弱いところがあります。緊張しなければ、集中力は素晴らしいのですが、今回、この面接でお見せすることができずにとても残念です。

＊子どもへの厳しさ、要求の高さが見えてしまいます。

ポイント

客観的、冷静な観察眼でわが子をアピール

わが子のことを客観的に語るのは難しいものです。特に2、3歳児は性格がまだ定まらず、外部から評価を受ける機会もあまりありません。加えて必要以上に赤ちゃん扱いをしがちで、子どもが何が好きかをあまり意識していないことも多いようです。子どもが言葉を話せるようになったら、何を言いたいのか、どのように話しかけたら通じるかを考えながら接してみてください。面接では、子どもの言葉や振る舞いなど、具体的なエピソードを交えて話せるとよいでしょう。短所については、親がどう対応し、それによってどのような改善が見られるかを伝えてください。

Q 家庭の教育方針は何か？

意図 「家庭の教育方針」と「幼稚園の教育方針」が合っているかを見る質問です。

よくある質問

● ご家庭の教育方針について詳しくお聞かせください。

● お子さんにこれだけは伝えたいと思うことは何ですか。

● 将来、お子さんにどのような人になってほしいですか。

● ご家庭で約束していることなどがあれば、どのようなことかお聞かせください。

● 男の子と女の子の育て方は違いますか。

答え方事例

Aさんの場合

もう一歩

　人を思いやる心を持ち、信頼される人になってほしいと願って子育てをしています。将来、社会の一員となったときに争うことなく、率先して人の役に立てるような大人になってもらいたいと思います。

Bさんの場合

よくできました

　息子には、自分でやりたいことを見つけてほしいため、いろいろな体験をさせて興味・関心の幅を広げられるようにしています。自分に合ったものを見つけられたときは、その分野の経験や知識を深めていけるようにサポートしたいと思います。「個性を大切に、可能性を伸ばす」という貴園の教育は、わが家の願いをかなえてくださると確信し、大変魅力を感じました。貴園にて、息子が素晴らしい学びを得られることを期待しています。

Cさんの場合

NO!

　周囲からかわいがられる愛嬌（あいきょう）のある子になってほしいです。そうすれば、人から大切にされて幸せになれると思うからです。

ポイント

家庭の方針と園での学びの必要性を述べる

　保護者の「価値観と人生哲学」を問われている、ともいえる重要な質問です。子育てで実践している家庭の教育方針をしっかりと伝えられるように、両親の考えをまとめてください。子育ての根幹としてきたこと、貫きたい考えは何かなど、改めて両親の意思を統一する必要があります。

　ポイントは、家庭の教育方針を実践するために、この幼稚園で学ぶことが不可欠である、という考えを具体的な言葉を用いて述べることです。筋道を立てて説明しましょう。

　面接官からすると、抽象的な表現や教育の理想論で答えられても、インパクトがありません。せっかくの好機を逃すことがないように、家庭の教育方針を明確に語りましょう。

Q 夫婦・親子関係、祖父母との交流は？

意図 家庭内での親子のかかわり方や祖父母も含めた家族の姿を知るための質問です。

よくある質問

家族構成を教えてください。

ご家庭での父親、母親の役割についてどのように考えていますか。

おじいさま、おばあさまとはどのようなかかわり方をしていますか。

きょうだいげんかはしますか。そのときにご両親はどうされますか。

子育てで困ったとき、周りに相談できる方はいますか。

 GOOD! 　　　　　　　　　　NO!!

GOOD!

男の子だけの3人きょうだいなので、けんかになることもよくあります。なるべく、本人たちで解決するまで待ちますが、父親が仲裁に入り、言い分を聞くこともあります。そのときは、公平な態度を第一にしています。個性が違う3人ですが、それぞれのよさを尊重して、きょうだい仲よく力を合わせてほしいと、言い聞かせています。

私と妻、長男と次男の4人家族です。同じ敷地内に、私の両親がおり、週末には6人で出かけることもよくあります。夫婦だけでは気づかない子育ての視点も勉強になり、子どもたちにもよい影響を与えているようです。

NO!!

祖父母は遠方に住んでおり、サポートはお願いできません。ほかに頼れる親族や知人もいないので、できるだけ自分たち夫婦だけで子育てするように頑張っています。

長女、長男、同居する祖母の5人家族です。大人3人で、子ども2人につきっきりの育児ですが、手をかけてあげることが親にできる最大の愛情だと思っています。

よい理由

きょうだいのかかわり合い、見守る両親の雰囲気、祖父母との関係性などが伝わります。

悪い理由

地域の子育て支援なども活用しましょう。過保護、過干渉は敬遠される傾向にあります。

ポイント

家庭の雰囲気や子育ての支援態勢を伝える

　きょうだいがいるのであれば、やんちゃな盛りで家庭内のけんかも日常茶飯事でしょう。面接では、けんかなどが起きたときにどのように対処しているかを問われることがあります。わが家なりの工夫やしつけを盛り込み、印象深く伝えたいものです。子育てについて相談できる人がいるか、もよくある質問です。家庭の孤立や保護者が子育てのストレスを抱えていないかなどの懸念も含まれます。心の支えとなる人がいることは大切です。祖父母が遠方在住でも相談はできますし、自治体の子育て支援サービスもあるので、悩みを抱え込まないようにしましょう。

Q 子育てで大切にしていることは？

意図 子どもとどのようにかかわっているか、子育ての全体像を見るための質問です。

よくある質問

● お子さんのしつけで大切にしていることは何ですか。

● どのようなお手伝いをさせていますか。

● 最近どのようなときにお子さんをほめましたか。また、しかりましたか。

● お子さんに言葉をかけるとき、どのようなことに気をつけていますか。

● お子さんは一人で着替えができますか。一人でトイレに行けますか。

答え方事例

Aさんの場合

お手伝いをすることで、家族が喜ぶという充実感を味わわせるために、お手伝い後はほめてあげるよう意識しています。祖父母と同居していることから家事も多く、息子には習慣として新聞を取りに行かせたり、食事の配膳をさせたりしています。今では、自分から進んでやるようになっています。

Bさんの場合

物を大切にするように伝えています。古いからと手荒に扱ったり、気軽に使い捨てたりしたときはしかり、その理由を説明するよう努めています。物を大切にすることで、その役割を認識して、どんな物にも存在意義があると知ってもらいたいからです。そこから、周囲を思いやる優しい気持ちが育ってほしいと考えています。

Cさんの場合

育児書を参考に、ほめる教育を実践してまいりましたので、子どもらしくのびのび育っています。その中で、自然としつけも身についているようです。

ポイント

日常生活と子どもの発達状況を伝える

幼稚園側が知りたいのは、家庭で親がどのようにかかわり、子どもがどのように育っているかという点です。しつけについては、年齢相応の生活習慣やお手伝い、あいさつなどが挙げられます。生活習慣は、生活リズムが整っているか、食事、排せつ、衣類の着脱などがどの程度できるかなどを、両親のしつけに対する考えも含めて話しましょう。お手伝いは、食器の片づけなどできることから始めましょう。あいさつは集団生活において、コミュニケーションの第一歩となる大切な要素です。

いずれの場合も子どもは親のまねをしながら覚えていきます。親は手本としてふさわしい言動を意識するとともに、両親のしつけの方向性が一致するよう注意してください。

Q 家庭以外での様子は？

意図 家庭以外での子どもの様子と評価はどうか、社会性と発達段階の確認です。

よくある質問

幼稚園（保育園）の先生からはどのようなお子さんだと言われますか。

お子さんは習い事をしているときどのような様子ですか。楽しんでいますか。

幼稚園（保育園）での様子はいかがですか。

幼稚園（保育園）に行き、お子さんが成長したと感じる部分はありますか。

公園や児童館などで、お子さんはほかのお友達とどのようにかかわっていますか。

 GOOD! ---- NO!!

息子は物おじしない性格で、公園で初めて会ったお友達ともよく一緒に遊びます。ただ自己主張が強い面もあり、砂場でスコップやバケツをお友達に貸したがらないことがありましたが、年長のお友達からおもちゃを貸してもらうなどの経験を重ねるうちに、自分のものも共用できるようになってきました。幼稚園でも集団生活の中で一層成長してほしいと願います。

幼稚園の運動会は家族で見に行きました。頑張って練習したダンスや競技を見たり、参加したりして、娘の成長を感じられるひとときでした。真剣に走る様子が忘れられず、これからも目標に向かって頑張る姿を応援したいです。

保育園では丁寧に保育をしていただき、「アキ先生に会いたい」と毎日楽しみに通園しています。お友達のタッ君やトモちゃんとも仲よしで安心しています。

姉のように泳げるようになりたいと、毎週休まずスイミングスクールに通っています。自分の好きに泳ぎたがるようですが、楽しんでいるので見守っています。

よい理由
社会性の発達度合いや集団生活での一面、家庭での様子がよくわかります。

悪い理由
個人名を出すのは問われない限りは控えましょう。また、習い事でのルールは守らせましょう。

ポイント 社会性と協調性を客観的に評価できているか

　面接で上記のような質問を受けたら、周囲の評価を盛り込み、幼稚園（保育園）での子どもの様子や、社会性の発達度合いなどを伝えましょう。そのためには、園長先生、担任の先生、ほかの保護者の方々から聞いた話が材料となりますので、日ごろから園の関係者と交流を深めておくことが大切です。幼稚園（保育園）に行っていない場合は、公園のような公共の場所や習い事などでの様子を伝えます。お友達の保護者や習い事の先生からの評価を盛り込んでもよいでしょう。子どもがしたいことをさせるべきか迷ったときに、安全と衛生を基準に判断できているかもポイントです。

Q 父親への質問

意図 家庭での父親の役割、子どもとどのようにかかわっているかを知るための質問です。

よくある質問

- 父親の役割についてどのようにお考えですか。
- 普段は何時ごろ帰宅されますか。
- 休日はお子さんとどのように過ごしますか。
- どのような家庭を目指していますか。そのために努力されていることはありますか。
- 今、お子さんは何に興味を持っていますか。

よい答え方事例

　父親とは、「家族から頼られる存在であるべき」と思っています。妻よりは子どもと接する時間が少ないかもしれませんが、なるべく時間をつくるよう努力をしています。休日には夫婦で話し合い、相談するようにしてきました。家族の変化を敏感に感じ取り、常に子どもと向き合える父親でありたいと思います。

＊理想の父親像を持ち、努力している様子が伝わります。

悪い答え方事例

　仕事がとにかく忙しいので、妻を全面的に信頼して家庭のことは任せています。仕事で生活を安定させることが私の役割であることを息子も理解しているので、「遊ぼう」とわがままを言うことはありません。

＊人柄、家庭の雰囲気に、よい印象を持たれません。

ポイント

教育に欠かせない父親の役割

　幼稚園側は、家庭での父親の役割について質問をし、両親が協力して家庭教育を行っているかどうかを確認します。父親の育児参加、教育に対する信念が感じられることが大切です。キャッチボールやアウトドア活動など実践していることや、子どもとのふれ合いの中で大切にしていることなど、普段の親子関係が伝わるように具体的に述べましょう。たとえ忙しくて子どもとふれ合う時間が持てなくても、子どもの成長に関心を持ち、理解しようと努める姿勢は必要です。子どもの日々の成長を母親と共有し、面接でも自信を持って話せるようにしておきましょう。

Q 母親への質問

意図 母親の子どもに対する接し方、父親との意見が合っているかを見るための質問です。

よくある質問

● これまでにどのようなことに注意して子育てをしてこられましたか。

● 今までの子育てで大変だったこと、うれしかったことは何ですか。

● 日常生活で特に気をつけている点はどのようなことですか。

● ご主人と子育ての意見が合わないときはどうなさいますか。

● ご主人は子育てにどうかかわっていますか。

答え方事例

Aさんの場合

う〜ん

「母親として、どのような信念を持って育児をしてきたか」を言葉にすることは、正直難しいです。ただ夢中で、子どもと向き合ってきた毎日です。子育てに悩んだときは、主人や祖父母を頼り、相談しながら子どもとの関係を大切にしています。

Bさんの場合

よくできました

息子が基礎体力をつけられるように配慮することが、母親の役割だと思っています。健康な心身を目指して、基本的な生活習慣を身につけさせることや体力づくり、感受性を高める読み聞かせなどに取り組んできました。この土台は人生のどの場面でも役に立つと考えています。子育てには悩みがつきものですが、親子で成長できる貴重な機会ととらえ、大切にしたいと思っています。

Cさんの場合

NO!

子育てに完璧はないと思っています。一人っ子ですし、子育てに自信を持つことは難しく、手探りの日々ですね。多くの人の本音ではないでしょうか。

ポイント

両親の役割への考えや思いを伝える

性別の違いで役割を固定したくないというご家庭がありますが、子どもが幼いほど父親より母親との距離感が近いものです。たとえば父親よりも母親に甘える、わがままを言うなどの傾向が見られます。幼稚園側でも、父親、母親それぞれの役割を期待している面があります。幼稚園受験には、そうした背景を踏まえて臨みたいものです。ただし、無理に役割分担をする必要はありません。日々の食事やお弁当を父親が作っている家庭が、受験のために母親が作ることにすると無理が生じます。

大事なのは、両親が子どもとしっかり向き合い、各自ができることを丁寧に行うことです。面接でアピールできるよう、それぞれの役割に対する考えや思いをまとめておきましょう。

Q 幼稚園生活に適応できる健康状態か？

意図 心身ともに年齢相応に成長しているか、病歴や健康状態をチェックします。

よくある質問

苦手な食べ物、好きな食べ物はありますか。

お子さんの健康状態はいかがですか。

アレルギーはありますか。

今までに大きな病気をしたことがありますか。

お子さんの健康について注意していることをお話しください。

GOOD!

わが家では"体をつくる基本は食べ物"という考えのもと、食育に力を入れています。子どもにできることは自分でやろうと話して、一緒に料理を作ることもあります。旬の食材を選んで栄養バランスを考えたメニューにしたり、水泳教室に通ったりしているためか、あまり風邪も引きません。

娘は野菜の食感が苦手なので、調理のときに工夫するようにしています。また、育てる楽しみが食べる楽しみにつながるよう、家庭菜園も始めたので、少しずつ野菜も食べられるようになりました。そのおかげで、健康な体づくりができているように思います。

よい理由
栄養バランスのよい食事と適度な運動で、健康管理を心掛けている様子が伝わります。

NO!!

健康には配慮していますが、子どもは甘いものや好きなものばかりを選んで食べてしまいます。それでも、今はたくさん食べて体をつくる時期ですから、自由に食べさせています。

母親が仕事を終えてから夕食の支度をするので、食事の時間が20時以降になることがよくあります。子どもには遅い時間ですが、手作りの料理を食べさせたいので、仕方がないと思っています。

悪い理由
偏った食事や遅い時間の食事は、子どもの健康に悪影響をおよぼします。

ポイント　健康状態の把握と集団生活への適応力

「健康な子どもを集めたい」という幼稚園側の思いはありますが、健康優良児のみが優先される、ということではありません。集団生活に適応できる一般的な体力があるかどうかがポイントです。持病やけがについては細かく説明するよりも、園生活に関連する留意事項を端的に述べましょう。大きな病気をした経験やアレルギーがある場合は、その点もつけ加えます。また、食べられないもの、苦手なものがある場合は、改善策など普段の家庭内での取り組みを強調しましょう。それにより、家庭で食育を実践していることを伝えられます。

Q 保護者の仕事で 幼稚園生活に影響は？

意図 保護者の仕事と仕事に対する考え、どのような家庭で子どもが育っているかを見ます。

よくある質問

● お父さま、お母さまのお仕事についてお話しください。

● お母さまがお仕事をされていますが、お子さんが急病のときなどは対応できますか。

● お仕事の状況や、仕事で大切にしていることをお聞かせください。

● お仕事で転勤の予定はありますか。

● 普段、お子さんの面倒は主にどなたが見ていらっしゃいますか。

答え方事例

Aさんの場合

　現在、私は専業主婦です。子どもの成長が著しいこの時期、育児に専念したいからです。日々、家事をこなしつつ地域活動もしています。安心して帰宅できる、明るい家庭づくりが私の役割です。

Bさんの場合

　私は○○株式会社で販売部門の責任者をしております。多くの人々とかかわり、社会情勢に対応する仕事ですから、常に勉強が欠かせません。学ぶことの大切さや楽しさを、子どもに伝えられる親でありたいと考えています。忙しい毎日ですが、成長する子どもの姿は大切に見守りたいので、幼稚園行事には積極的に参加させていただきます。

Cさんの場合

　私は社会的にも必要とされる組織で、10年のキャリアを生かして働いています。働く母親の姿が、いつか子どもによい影響を与えると思うためです。子どもの面倒は、近くに住んでいる実家の母がサポートしてくれるので大丈夫です。

ポイント

仕事の質問では詳細な説明は控える

　仕事についての質問では、職種や業務内容が重視されているわけではありません。幼稚園側は、経済的に安定している家庭であるか、家庭内で十分な教育が行われているかどうかを知りたいのです。仕事の説明をする際は、業務についての説明をし過ぎないように注意しましょう。強調するべきは、仕事が忙しくてもわが子の教育を優先する、という熱意です。

　母親が仕事をしている場合でも、まずは自分が子どもを見るという気持ちを示すことが大切です。子育てに理解がある会社で時短制度を利用しているなど、育児と仕事を両立しやすい状況であれば、それを伝えます。そのうえで、どうしても親が対応できないときは、祖父母の助けを借りられることなどを話しましょう。

Q さまざまなトラブルへの対処法は？

意図 子どもへの接し方を問うと同時に、親の考え方や判断力なども見ています。

よくある質問

お子さんが幼稚園でいじめを受けていると聞いたら、どのような対応をしますか。

子ども同士のけんかから保護者同士のトラブルに発展したらどうしますか。

お子さんが幼稚園でお友達とけんかをしたら、どのように対処しますか。

子どものスマートフォンやタブレット端末の使用について、どのようにお考えですか。

 GOOD! | NO!!

GOOD!

娘がお友達とけんかをして帰ってきたことがあります。そのときは、話をよく聞き、気持ちをくみ取るよう努めました。保育園での出来事だったので、担任の先生に事情を聞き、その後お友達とも仲直りできました。

情報機器が必要不可欠な時代ですが、幼児期は本物にふれることや人と直接対面し学ぶなど、実体験を重ねることを優先させたいです。スマートフォンなどは、正しく使うためのマナーや善悪の判断を身につけたうえで使用させるようにしていきたいと思います。

NO!!

子どもが幼稚園でいじめられて帰ってきたら、即座に担任の先生に連絡して、対処してもらいます。

息子はお友達と仲よくしています。優しい性格なので、トラブルが起きない雰囲気をつくっているのだと思います。

子どもがけんかをして保護者同士もトラブルになったら、そのご家庭とは相性が合わないのでしょう。その子とは遊ばないよう子どもに言います。

よい理由
子どもに寄り添い、冷静な視点も持ちながら子育てにあたっていることがうかがえます。

悪い理由
自己中心的で謙虚さのない回答は、トラブルメーカーを予感させます。

ポイント

トラブルへの対応力と親のかかわり方が決め手

　幼稚園生活に子ども同士のトラブルはつきものです。特に年齢が小さいほど自分の思いを言葉にできず、玩具の取り合いなどをするとすぐ手が出たり、噛みついたりしがちです。子どもがけんかをしたらどうするか、という質問への返答としては、親が冷静に受け止めてきちんと子どもの話を聞く、場合によっては先生に相談する、などがよいでしょう。保護者同士のトラブルは、直接的なかかわりだけでなくSNS関連のものも増えています。面接では、保護者同士のつき合い、SNSの利用とも節度のある対応ができることをアピールしましょう。

Q 通園時間と 幼稚園への協力態勢は？

意図 通園の安全確保とサポート態勢、幼稚園への協力の意思を確認するための質問です。

よくある質問

● 通園経路と所要時間を教えてください。

● 通園に時間がかかることについて、心配はありませんか。

● 下のお子さんがいらっしゃいますが、早退時などのお迎えはできますか。

● 本園は幼稚園行事がたくさんありますが、積極的にご参加いただけますか。

● 幼稚園への協力について、どのようにお考えですか。

答え方事例

Aさんの場合 う〜ん

　自宅から徒歩で○○駅まで行き、△△線で□□駅に着いたら○○線に乗り換えて、幼稚園のある××駅で降ります。所要時間は約1時間です。通園の練習をしたり、交通ルールを教えたりしていますので、気をつけようという意識は持っていると思います。

Bさんの場合 よくできました

　家から幼稚園までの所要時間は約40分です。バスで○○駅まで出てから△△線に乗り、××駅まで行きます。これまでは車での移動が多かったので、公共交通機関での通園に早く慣れるよう、公共の場に出向く機会を増やしてマナーを教えています。下の子がいますが、幼稚園の近くに祖母が住んでおり、急なお迎えのときなどは協力を頼めます。幼稚園行事にも積極的に参加したいと思います。

Cさんの場合 NO!

　仕事が忙しいので、幼稚園行事への参加は難しいかもしれません。それと、寄付はなかなか厳しいのが現実でして……。

ポイント

通園方法や協力・支援の態勢を説明

　一部の幼稚園では、子どもへの負担を考慮して、通園時間の制限を設けています。時間を明記していない園も、1時間以内が望ましいと考えているところが多いようです。通園経路と所要時間の質問で幼稚園に伝えたいのは、子どもの通園、保護者の送迎とも無理なくできるということです。家が少し遠めなら、毎日それだけの時間をかけても通園したいという思いを話せるとよいでしょう。

　行事への参加も求められます。保護者が積極的に参加する旨とともに、祖父母などの支援態勢が整っていることをアピールできれば万全です。なお、私立の場合は、幼稚園への協力で、寄付について聞かれることもあります。「できる限り協力させていただきます」などの答えがよいでしょう。

Q どのような受験準備をしたのか？

意図 幼稚園受験に向けた家庭の心構えと、これまでの取り組みを確認します。

よくある質問

習い事や幼児教室などには通われていますか。それはいつごろからですか。

習い事を始めた理由を教えてください。

幼稚園受験にあたり、どのような準備をなさいましたか。

受験のことをどなたかに相談されましたか。

 GOOD!　　 NO!!

GOOD!

受験準備の基本は家庭教育にあると考え、丁寧に日常生活を送るよう心掛けています。娘には自分のことは自分でできるよう、しつけてきました。あいさつや食事のマナーなども生活の中で自然に身についています。週末は家族で公園で遊び、連休や長期休暇のときは海や山でキャンプをするなど、自然と親しんでいます。

息子は一人っ子で内向的な性格なので、同年代の子とふれ合う機会を持たせたいと思い、体操教室に通わせています。体力がついてお友達もでき、活発になりました。

NO!!

特別な準備はしておりません。私自身、大学で幼児教育については学んできましたので、暮らしの中でも実践しております。年齢相応の生活習慣やマナー、体力はクリアできるように、十分に対応しております。

運動が苦手なので体操教室に週3回、お絵描き教室と幼児教室に週2回、自宅での対策も行っています。

よい理由
受験準備の基本は家庭であることや、習い事を始めた理由をわかりやすく伝えましょう。

悪い理由
家庭学習のみの場合は具体例を、習い事は力を入れているものを中心に話しましょう。

ポイント　お受験訓練された子は嫌われる!?

　ほとんどの家庭が何らかの対策をして受験に備えていることを、幼稚園側も理解しています。そのうえで、過度な受験トレーニングを積んできた子どもを敬遠する面もあるようです。マニュアル化されている子どもだと誤解されないことがポイントです。受験準備が、無理なく家庭主体で行われてきたことを伝えましょう。その準備は子どもの個性を伸ばす内容であり、家庭の教育方針に沿ったものであることを具体的に述べます。子どもの得意分野を伸ばし、本人が自発的に取り組めるような学びを実践してきた実例を強調できるとよいでしょう。

Q 説明会などで感じた 幼稚園の印象は？

意図 受験に対する保護者の熱意と幼稚園をどのようにして知ろうとしたのかを見ます。

よくある質問

- 本園の説明会や公開行事には参加されましたか。感想をお聞かせください。
- 本園にいらした印象はいかがでしたか。
- 未就園児クラスに参加されたとき、お子さんはどのような様子でしたか。
- お子さんには本園でどのように育ってほしいと思いますか。
- 本園に対して、お気づきの点や期待することはありますか。

答え方事例

Aさんの場合 う〜ん

　説明会当日は外せない会議があり、残念ながら参加できませんでした。失礼いたしました。しかし、出席した妻から内容を詳しく聞きましたので、貴園の教育方針や独自のプログラム、園児たちの様子が理解できたと思います。やはり、貴園に通わせたいと夫婦で意見が一致しました。

Bさんの場合 よくできました

　園長先生のお話にあった、「教育とは子どもと向き合い、本人の能力を発見し育てること」というお言葉が心に残りました。改めて、私どもが子育てにおいて大切にしてきたことの重要性を確認いたしました。また、幼稚園説明会に参加した際、明るい教室やわかりやすい展示物を見せていただき、最適な教育環境であると感じました。ぜひ、貴園でご指導を仰ぎたいと確信した次第です。

Cさんの場合 NO!

　特定の宗教がないほうがよいと考えていましたが、宗教教育も悪くないなと思いました。

ポイント

説明会では要点を押さえメモ取りを

　「園長先生のお話に感銘を受けた」「園児の元気な様子を見て入園させたいと思った」など、同じような返答になりがちです。

　独自性のある感想を伝えるためには、説明会で確認するべきことを事前に考えておくことが大切です。「教育の特色」「行事」「園舎の様子」などチェック項目を挙げてリストを作り、説明会当日はそれに沿ってメモを取ります。そしてメモを基に、両親の意見をまとめておけば、面接でスムーズに返答できるでしょう。

　園によっては、説明会のほかに見学会や体験保育などもあるので、有効に活用します。また、両親のどちらか一方が参加できないときは、その幼稚園の印象や話の内容をきちんと伝えておくことも忘れないようにしましょう。

Q 社会問題に対する考え方は？

意図 社会問題への関心の高さと、社会人としての親の常識を問う質問です。

よくある質問

携帯電話を子どもに持たせることについて、どのようにお考えですか。

お子さんと社会問題について話したことはありますか。

災害発生時の対処法をお子さんに教えていますか。

子どもを巻き込んだ最近の犯罪について、どのようにお考えですか。

最近の出来事で、印象に残っている明るい話題は何ですか。

😊 GOOD! | 😟 NO!!

GOOD!

子育てをする中で、環境が重要であると強く感じています。子どもを取り巻く地域や社会が安全であることが、心の安定につながると実感するからです。身近な環境を少しでもよくするために、お祭りや防犯活動、敬老会などに親子で参加して、地域との絆も深めています。

まだ携帯電話を持たせる年齢ではないと考えておりますし、必要性は感じていませんが、いろいろな方の意見を参考にしたいと思います。幼稚園で導入を検討されることなどがあれば、貴園のお考えに沿うつもりでおります。

危険 事故発生現場

NO!!

とても恐ろしいことです。そのような犯罪者を社会が生み出さないように、教育を徹底しなければならないのではないでしょうか。

これからの日本は、大変な世の中になっていくと思います。不安定な経済状況でも、生き抜く力をつけられるように、幼いころから鍛えなければなりません。将来安定した暮らしができるように、今から準備できることは教育です。それが親としてできる最大限の愛情です。

よい理由
社会に対する関心と自分なりの意見があり、行動していることが伝わります。

悪い理由
個人的な意見に終始して、子どもに事故や事件の回避策を教育しているかがわかりません。

ポイント　社会人としての常識的な視点があるか

　子どもを巻き込んだ事件が増える昨今、面接でも時事的な話題が出ることがありますが、事件などの知識や単なる感想を求めているわけではありません。社会への関心度と、親として世の中の出来事を子どもにどのように伝え、どう教育しているのかがチェックされています。他者への関心がない、感情的に持論を展開するなどというのはNGです。また、受験準備に気を取られ、社会情勢を意識する余裕がなくなると、質問が唐突に感じられて困るケースも生じます。ニュース番組や新聞は毎日必ずチェックし、自分なりの意見や考えをまとめておく習慣をつけましょう。

子どもへの質問 ①

Q 本人のことについて

意図 本人に関することは必ず聞かれます。年齢相応の返答ができるかを見ます。

よくある質問

お名前を教えてください。

今、何歳ですか。

お誕生日はいつですか。

何をして遊ぶのが好きですか。

朝ごはんは何を食べましたか。

好きな食べ物／絵本／動物／歌は何ですか。

一人で服を着たり脱いだりできますか。

あなたの宝物は何ですか。

大きくなったら何になりたいですか。

ここに注意 ！

- 面接中は顔を上げ、相手を見てはっきりと答えましょう。
- 答えの内容よりも、答えようとする姿勢を示すことが大切です。
- 答えに詰まったときは答えやすいよう聞き方を変えてくれることがあるので、落ち着いて対処しましょう。
- 質問に答えるときに、自分のことを「ちゃん」づけはしません。

GOOD! NO!!

ポイント 答えの内容より面接に臨む姿勢が大切

　子どもへの質問は、発育や成長の程度のチェックと考えましょう。答えの内容よりも、話を聞く姿勢、面接中の集中力、声の出し方、表情などが観察されています。たとえば、朝食べてきたものを聞かれて、「パンと牛乳です」「ご飯とお味噌汁です」などと返答できれば十分です。ふざけたり落ち着かずに歩き回ったりすることがないよう、面接前に声をかけるなどして安心感を与えてください。初めての場所、初めて会った大人、それも面接という特殊な状況で言葉がわからない、聞き取れないという場合もありますが、親が笑顔で受け止めサポートするようにしましょう。

Q 家族のことについて

意図　子どもと家族のかかわり方、親の接し方、家庭の雰囲気をチェックします。

よくある質問

● お父さんとお母さんの名前を教えてください。

● お父さんやお母さんと何をして遊びますか。

● お父さんやお母さんにどのようなときにほめられますか。また、しかられますか。

● きょうだいはいますか。（きょうだいの）お名前は何ですか。

● 今日は（弟妹は）どこにいますか。

● （きょうだいとは）何をして遊びますか。

● （きょうだいとは）仲よしですか。けんかをすることはありますか。

● お母さんのお料理で好きなものは何ですか。

● お母さんはお家で何をしていますか。

● おじいさんやおばあさんとはどんなときに、何をして遊びますか。

ここに注意 !

● 両親の呼び方は「パパ、ママ」「お父さん、お母さん」のどちらでも構いません。試験のために無理に変えると違和感が生じます。

● 子どもらしい自由な表現は問題ありません。それより黙ってしまったり、親がその場で否定したりするほうがマイナスです。

ポイント　子どもが答えやすいよう日ごろから配慮を

　子どもに家族について質問することで、普段の家庭の様子が想像できます。子どもがすぐに答えられないときは、緊張して言葉が出ない、あるいは話したくないと思っている、などの理由が考えられます。日ごろから「お兄ちゃんとはいつも何をして遊びますか」などと問いかけて質問に慣れさせるようにし、面接当日は「先生にいろいろ教えてあげようね」などとリラックスして話せるように、声掛けをするとよいでしょう。子どもが答えているときの親の様子も見られています。くれぐれも、代わりに答えたり口を出し過ぎたりするのは控えてください。

子どもへの質問 ③

Q 集団生活について

意図 子どもが集団の中でどのように過ごし、みんなと仲よくできているのかを確認します。

よくある質問

幼稚園（保育園）名、クラス名、先生の名前を教えてください。

（習い事の教室では）どんなことをしていますか。楽しいですか。

幼稚園（保育園）で仲よしのお友達はいますか。名前も教えてください。

（習い事の教室に）お友達はいますか。

幼稚園（保育園）ではどのような遊びをしますか。その中で何が好きですか。

先生にしかられたことはありますか。それはどんなときですか。

運動会ではどんなことをしましたか。

先生にほめられたことはありますか。それはどんなときですか。

ここに注意

- 質問の答えを受けて「それはなぜですか？」と続く場合もあります。その理由を素直に話せるようにしておきましょう。

- すべて「わかりません」と言ってしまうと、判断力がなく自発性に欠ける子どもだと思われることもあります。

- 普段から外で起きた出来事を、会話の中で多く取りあげるようにしましょう。

ポイント

家族以外の他者とのかかわり方を伝える

　集団生活の中で社会性が育まれているかを、言葉や態度から確認する質問です。幼稚園（保育園）に通っていればそこでの様子を、通っていない場合は習い事や公園、児童館などでのお友達とのかかわり方を話せるとよいでしょう。2歳児はまだ自分のことが中心で、お友達と仲よく遊ぶという意識は乏しいもの。遊んでいてトラブルになってもどうしたらいいかわからないのが普通です。親が一緒に遊んでいるときに子どもが玩具を投げたら「悲しい」などと、普段から感じたことを伝えるようにすると、相手の気持ちに気づけるようになっていきます。

子どもへの質問 ④

Q 生活常識について

 意図 子どもの生活習慣が鍵。自立心や向上心などがどれくらい育っているかを見ます。

よくある質問

ごはんは誰が作りますか。
夜ごはんは誰と食べますか。

お家でお手伝いはしていますか。
どんなお手伝いですか。

いつも誰と一緒にお風呂に入りますか。

外で遊ぶのと
お家の中で遊ぶのでは、
どちらが好きですか。

今、一番
欲しいものは何ですか。

昨日は何をしましたか。

絵本は誰に読んでもらいますか。

（何色かの折り紙がある）
好きな色を取ってください。
それは何色ですか。

ハンカチを持っていますか。
それは何に使うものですか。

ここに注意 ！

● 家庭で毎日誰と何をしているかという質問は、親にとってはささいなことに思えても、子どもはそれらを言葉で表せなかったりします。「誰と何をしているか」「誰が何をしているか」を生活の中で親が口にして意識づけを図りましょう。

● お母さんが料理をしている絵を見せて、「何をしているところですか」などと質問されることがあります。単純な応答だけでなく、絵や物を見て答える質問パターンにも慣れておきましょう。

ポイント 「欲しいもの」はエネルギーの象徴

「欲しいものは何か」という質問への答えにも普段の生活が表れます。テレビのキャラクターのグッズが欲しいと言えば、子どもにテレビを見せていることが想像できます。子どもがそのときおなかがすいていれば、普段食べているおやつを挙げるかもしれません。テレビを見せていても、何を食べていてもだめということはないので、どんな答えでも焦らないでください。願望はエネルギーの表れです。幼稚園側はそこを見ています。「○○○が好きなの？」「うん、好き！」などと明るく答えられればよいでしょう。保護者も先生と一緒におおらかに受け止めてあげてください。

子どもへの質問 ⑤

 試験当日や 幼稚園のことについて

意図 子どもが楽しく考査を受けられたかどうか、幼稚園のことを理解しているかを聞きます。

よくある質問

今日はここまで、誰と、何に乗って来ましたか。

来るときにお空を見ましたか。どんなお天気でしたか。

（面接前の）控え室では何をしていましたか。

考査のお部屋では何をして遊びましたか。その遊びはお家でもしますか。

体験保育に参加してくれましたが、この幼稚園は好きですか。

（考査の）親子遊びは楽しかったですか。

（この園の）運動会に来ましたか。かけっこはしましたか。

（考査では）何を作りましたか。

ここに注意 ！

● 幼稚園に来たことがあるかを聞かれることがあることを、子どもに話しておきましょう。

● 考査については、率直に思ったことを伝えられれば十分です。

● 試験のストレスから、ネガティブな言葉が出ないように配慮しましょう。体調管理に気をつけ、控え室で疲れたり飽きたりしないための工夫も考えておきましょう。

ポイント　子どもが緊張しないよう配慮を忘れずに

　面接では、幼稚園に来るまでのことや考査の感想などを質問されます。子どもなりに自分の言葉で話せることがベストですが、大人の顔色をうかがう、指示を待つというタイプでは答えに詰まる可能性があります。両親の緊張が伝わることなく楽しく試験を受けられるよう、当日の朝や園までの道中は「幼稚園で先生とお話しするのが楽しみだね」「幼稚園に入ったら何がやりたい？」などと会話をしながら行きましょう。服装が気になり調子が出ない、空腹で元気がない、会場が寒くて体調を崩すなどということがないよう、対策も万全にしておきたいものです。

Q 親子のかかわりについて

意図 親子の会話から、普段の家庭の様子と親子の関係をチェックします。

よくある質問

● （親子３人で同時に答える）好きな色／食べ物は何ですか。

● （絵カードが用意されている）その絵を見ながらお母さんにお話ししてあげてください。

● お父さんやお母さんと一緒に行きたいところはどこですか。

● （願書の家族写真を示され）この写真の中の人は誰ですか。

● お父さんから受験票を受け取って、先生のところに持ってきてください。（受験票の写真を示され）これは誰ですか。

ここに注意 ！

● 会話中の所作もチェックされます。相手の目を見て話す、物を受け取るときや渡すときは丁寧になど、所作にも注意しましょう。

● 親子で会話することを子どもが恥ずかしがらないように、面接に集中させる方法を考えておきましょう。

ポイント 子どものよい部分を両親が引き出す

　面接で親子が一緒に答える質問や、親子課題を行う園があります。面接の短い時間にあえて行うのは、普段の親子関係を確認したいためです。面接官とのやりとりだけではわからない、家庭の様子を感じ取れるように話すことが大切です。会話をするときに、両親の声や言葉遣いがいつもと違うと、子どもは不自然さを敏感に感じてしまい、力を発揮できません。重要なことは、子どもの個性が面接で伝わること、本来の子どもらしい笑顔や雰囲気を出すことです。それらを引き出せるように、両親も自然体で対応しましょう。

幼稚園受験成功へのアドバイス

幼稚園受験において合格を勝ち取るための絶対的な法則はありませんが、成功の秘訣があるのは確かです。志望園選びから家庭で実践したい受験対策まで、伸芽会が誇る幼稚園受験の指導経験が豊富な3人の教師が、合格に近づくための極意をお教えします。

- 飯田道郎先生「幼稚園受験における父親の役割」
- 佐藤眞理先生「家庭でできる幼稚園受験対策」
- 麻生尚子先生「志望園の選び方と願書のポイント」

幼稚園受験における父親の役割

幼稚園受験は母親に任せきりという父親が多いようです。しかし、子どもの興味・関心の幅を広げ、よりよい成長を促すには父親の力が必要です。受験において求められるものは何か、父親として具体的に取り組むべきことは何かをお話しします。

プロフィール

飯田道郎先生
Iida Michio

伸芽会教育研究所所長。子どもの個性に合わせた的確な指導とアドバイスで、保護者から厚い信頼を寄せられている。「体験なくして理解なし」を実践。有名幼稚園への合格実績多数。

幼児期の重要性を認識し主体的に子育てを

幼稚園受験を考えているお父さまに質問です。
「幼稚園の重要性を認識していますか？」
「積極的にお子さんにかかわっていますか？」

幼稚園受験を志す保護者の方とお会いして感じるのは、そもそも幼児期が非常に大事な時期であるということを、お父さまは理解しているのかということです。

出生から幼稚園に入園するころまでの乳幼児期に、人は人生で最も急速に発育・発達します。子どもにとって、見るもの、聞くもの、行うこと、ほとんどすべてが初めての体験です。その貴重なファーストインプレッションを左右する分岐点に、父親は積極的にかかわるべきではないでしょうか。私見ですが、そうと認識していない方が多いように思えます。

それはおそらく、男性は仕事において評価されさえすればよいと思っているからではないでしょうか。仕事をしているから、子どもにはかかわれない。子どもの世話は母親や保育士さんにお任せ、という状態です。

幼稚園受験においてはそれでは通用しません。幼稚園は、父親が社会人として園についてしっかり理解していることを求めています。特に女子校の附属やキリスト教系の幼稚園は、家庭環境を重視します。両親が子どもにどのような環境を与えてきているか、今後どのような環境を望んでいるのかを知りたいと考えています。「その理想にわが園があてはまると認めて受験するのですよね？」というわけです。仕事だけしていればよいという父親は、「育児放棄をしているのか。子どもの人格形成に父親がかかわらなくてどうするのか」と思われても仕方ありません。お父さまたちは、幼稚園受験に臨む前に、奥さまやお子さんとのかかわり方を一度見直してみてください。

父親が子育てにかかわるべき理由

父親が積極的に子育てにかかわったほうがよい理由はたくさんあります。まず、母親と情報共有ができ、家庭の教育方針を決めやすくなります。次に、両親がそろっていることで子どもの周りで大人の会話が成立します。それがなぜよいのかというと、子どもの耳に入る言葉の数が圧倒的に多

くなるからです。母と子の会話では用いられない言葉を聞くことで語彙力が高まるとともに、興味・関心の幅も広がりやすくなります。

また、父親がかかわることで体験の幅も広がります。たとえば、母親は肩車ができないけれど父親はできるとします。肩車をしてもらった子どもは、その高さからの視界、喜び、怖さ、危険性などを知ります。肩車と聞くとささいなことと思われるかもしれませんが、体験したことのない子どもとの差は大きいと感じます。実際、お父さまが子育てにしっかりかかわっているご家庭は、幼稚園受験でもよい結果を出しています。

では、これは母親、これは父親などときっちり役割分担をしたほうがよいかというと、それは必要ありません。子どもを公園に連れていくのは父親の役目、などと決めずに母親も行ける状況であれば3人で行くのがベストです。忙しいときは親がそれぞれの予定に応じて、1週間の中で分担を決めるとよいでしょう。

社会人として幼稚園受験に 広い視野でアプローチを

幼稚園の情報収集や園選びでも、父親の役割は重要です。見識は1人より2人のほうが広がります。情報収集を父親が一緒に行うことで、母親とは違う面が見つかるかもしれません。また、父親として行っていただきたいのが、受験を広い視野でとらえる作業です。どういうことかというと、幼稚園のことだけを調べるのではなく、附属園であれば上級校や学園全体のこと、創立の経緯や背景なども知っておいてほしいのです。キリスト教系の幼稚園であれば、少なくともカトリックとプロテスタントの違いは理解していただきたいと思います。教育の歴史や最近の動向なども把握しておくとよいでしょう。

2020年の教育改革で小学校では英語やプログラミング教育、道徳に力を入れることになりました。公立小学校は変更点が大きく大変ですが、多くの私立小学校は、以前から行っているのであまり変える必要がない、と落ち着いています。そう

いう面でも幼稚園から私立に行かせるメリットがあるという考え方もあります。

家庭の教育方針を固め、縦横斜め、点から線、線から面など教育について総合的に考えたうえで、「わが子をお願いするならここ」という選び方をしていただきたいと思います。

祖父母に幼児教育の 大切さを伝える

お父さまにお願いしたいことは、もう一つあります。両家のご両親に、幼稚園や小学校教育の大切さを発信していただきたいのです。日本では義務教育が充実しているためか、家庭で教育に力を入れるのは中学以降で十分という風潮があります。親が幼稚園受験や小学校受験を考えても、祖父母がまだ早いと反対することも多いようです。中学や高校に入ると進学塾に行き、高校や大学受験に備えるという流れが一般的ですが、進学塾では心は育ててくれません。

心を育てるには、幼児期の教育が大事です。子どもたちはこれから、多様性が当たり前の時代に生きることになります。宗教や文化が異なる人たちと日常的に接するかもしれません。社会の高齢化も一層進み、1人が支えなければならない人数も増えます。幼児期からしっかりした教育理念を持つ私立や国立の幼稚園・小学校で学んだ子どもたちには、さまざまな状況を受け入れ、社会のために活躍できる素地が育ちやすくなります。

祖父母が幼稚園受験に消極的なときは、幼児期の教育環境の重要性や、私立や国立の幼稚園・小学校のよさを訴えてください。祖父母のほうから自発的に受験への協力を申し出てもらえるようになるのが理想的です。

要するに、父親は幼稚園受験をコーディネートしましょうということです。父親が変われば家庭が変わります。祖父母も変わり、やがて社会も変わっていくはずです。もちろん、奥さまのストレスがたまらないようサポートもお忘れなく。時にはプレゼントなどをして感謝の気持ちを伝えるのもよいでしょう。

家庭でできる
幼稚園受験対策

幼稚園受験では、集団生活を送るための素地がきちんとできているかを見られます。その素地とは言語力、生活習慣、社会性です。いずれも普段の生活の中で身につけることができます。家庭での留意点をお知らせしますので、ぜひ取り入れてみてください。

プロフィール

佐藤眞理先生
Sato Mari

伸芽会教育研究所主席研究員。名門幼稚園入試に精通し、園選びや志望園対策など、保護者の方の相談にも的確に対応。雙葉、白百合学園、青山学院、学習院などの幼稚園に多数の合格実績を持つ。

デジタル端末は学びの土台につながるよう工夫を

新型コロナウイルスの流行をきっかけに、社会では仕事に対する考え方や教育面での改革が、一気に進んできたようです。家庭でも家族で過ごすことの大切さが、これまで以上に問われるようになってきました。

一方、子どもの様子を見てみると、2、3歳の子どもたちはまだ言葉を自由に話せないうちからスマートフォンのどこを押せば電源が入り、どこを触れば画面が変わるかをいつの間にか覚えています。従来は図鑑や絵本が親子で楽しむツールでしたが、デジタル端末がその代わりになる時代です。小学校で行われているICT教育が、幼稚園にも導入される日も近いかもしれません。

とはいえ、幼稚園は人とのかかわりを学ぶ場所であることに変わりはありません。子どもたちは家庭以外にも楽しいところがあることを実感しつつ、お友達や先生とのふれ合いの中で多くのことを学んでいきます。

子どもが楽しんでいるから、おとなしくしているから、などという理由で、スマートフォンを与えっ放しにしないでほしいと思います。デジタル端末は親子のコミュニケーションの道具として、デジタル絵本の読み聞かせやお絵描きなどに活用し、学びの土台につなげていけるとよいでしょう。

家庭内の会話を通し言語力を育む

「受験対策のために、子どもに家で何をさせたらよいか」とよく質問されます。幼稚園で集団生活に入るために第一に必要なものは言語力、第二は生活習慣、第三は社会性です。

第一の言語力は家族との会話によって育まれます。特に1～3歳は言葉の発達が目覚ましいので、家庭の役割は重要です。

1歳のときは、子どもはまだ話せなくても、積極的に語りかけてたくさん言葉を聞かせること、2歳では会話として言葉のやり取りができること、そして3歳以降は家族以外の人との意思疎通を意識しましょう。家庭以外の場で通じる言葉をどのくらい持っているかで、集団生活への適応の度合いが決まります。特に2～3歳は、コミュニケーションとしての言葉の発達が顕著です。その時期に家庭で心掛けたいのは、物の名前を教えること

です。「これ」とか「あれ」ではほかの人には通じません。身の回りにある物の名前を正しい名称を使って、耳になじませましょう。

野菜なら「このニンジンはオレンジ色ね」「そのキュウリを1本取ってくれる？」「ジャガイモは土がついているから、きれいに洗いましょう」というように、子どもの興味を引きながら、見せたり触らせたりしてみましょう。おままごとをするときも、お鍋、フライパン、スプーン、フォークなど、道具の名称を正しく言えるようにすることが大切です。2歳では言える物の名前を増やすこと、3歳では物の用途も言えることを目標にしましょう。また、多くの知育活動のベースは、言語能力の発達に関係します。簡単な数や形、色について知り、いろいろな場で感じたことを自分の言葉で表現しようという気持ちを育てましょう。

自我の芽生えを大事にし
生活習慣を身につける

第二の生活習慣は、うまくできなくても自分のことを自分でする姿勢を養うことが大切です。成長過程において「自分で、自分で」と主張する時期は大きなチャンスです。忙しくて時間がないなどと思わずに、この自我の芽生えを大事にしましょう。また自分でやってみたいという気持ちを損なわないように、衣服の着脱、靴の脱ぎ履き、手洗いや洗顔、お手伝いなどがうまくできたら「すごいね」「やってくれてうれしいわ」などと意欲を引き出す言葉をかけてあげてください。

自分の着替えがうまくできないときには、人形やぬいぐるみに服を着させてみるとイメージしやすくなります。片づけやお手伝いは親のまねから始め、成長に従ってできることの価値や必要性を教えていきましょう。玩具は丁寧に扱うことを教え、種類別に収納できるかわいい箱を用意するなど、楽しく片づけられる工夫をしてください。そうすることで、次に使うときも便利であることを実感できるようになります。

とはいっても相手は幼児です。できるのにやりたくないこともあるでしょう。親への甘えや、う

まくいかないときに根気が続かない、または強制されると反発するなど、感情のコントロールができないこともあります。そのようなとき親は焦らずに、「じゃあ、一緒にやってみようか」「（着替えで）一番上のボタンは手伝ってあげるから、あとはできるかな」などとねばり強く続けさせることが大事です。

家族以外の人とかかわり
社会性を養う

第三の社会性は、集団生活に欠かせない要素です。まずあいさつや返事ができることを目指しましょう。家庭では明るく活発な子でも、試験会場では泣いて母親から離れられなかったり、全く話さなかったりすることがあります。家族以外の人とはあまり接したことのない子が、初めての場所で警戒心を持つのは当然です。普段から家族以外の人とかかわる機会を増やし、初めて会うお友達とも仲よく遊べるようにしておきましょう。そのためにも親子で遊ぶときは、発展性を持たせるようなかかわり方をしてみてください。

たとえば子どもが積み木で家を作っていたら、「誰のお家？　どこが入口？　寝るお部屋はどこかな？」などと話しかけ、想像力が広がるようにします。おままごとでは「○○が食べたいな」「行ってきます／行ってらっしゃい」など、会話を楽しむような遊び方を経験させましょう。

3歳以降になると会話がだいぶスムーズになってきます。人と何かをする際には、してはいけないことなどの約束をしっかり守れるようにすることも大切です。外に向かって気持ちが開いていくことが集団生活の第一歩と考え、まず親、祖父母、きょうだいやお友達とのつながりが自然にできるような環境をつくりましょう。

お子さんには、幼稚園に受かるためにはこれができなければ駄目、などとプレッシャーをかけないようにしてください。幼稚園受験は特別なことではありません。日常生活を通じてよりよい親子関係を築き、信頼感のある楽しい対話ができることが一番の受験対策といえます。

志望園の選び方と願書のポイント

幼児期は価値観の土台が築かれる時期。ゆえに教育環境選びは重要です。幼稚園受験に際して、志望園はいつごろ、どのようにして選べばよいのか。願書には何をどのように書けば、幼稚園により伝わりやすくなるのか。それぞれのポイントをお伝えします。

プロフィール

麻生尚子先生
Aso Naoko

伸芽会教育研究所研究員。幼児教育歴20年。元幼稚園教諭の経験を生かし、幼児の発達段階に応じた丁寧な指導を行う。白百合学園や日本女子大学附属豊明など、有名幼稚園への合格者を多数輩出。

志望園選びの前に家庭の教育方針を固める

かつて幼稚園受験をするのは一部の限られたご家庭というイメージでしたが、今はその幅が広がっています。入園までの経緯もさまざまです。

代々同じ名門幼稚園を志望すると決めているご家庭もあれば、たまたまその幼稚園の近くに住んでいて、通園時などに見かける在園児の印象がよいので入園を希望するというご家庭もあります。共働きの方も多く、保育園に通園しながら有名幼稚園を受験するケースも珍しくありません。また、一度ほかの幼稚園の年少クラスに入園し、2年保育の園を受験して転園するお子さんもいます。

いずれにしても、志望園選びにおいて一番大切なのは家庭の教育方針です。まずは、わが子をどのように育てたいか、そのためには家庭の教育方針をどうすればよいかということを両親で話し合い、考えを一致させましょう。そのうえで、幼稚園の教育方針と家庭の考えにどれだけ共通項があるかを確認していくことが重要です。

なぜなら、幼児期は価値観の土台が築かれる大切な時期だからです。年齢が低い時期ほど、子ども

は経験を積んで体得したことが知識になっていきます。その時期に、どのような人的環境と物的環境を与えられたかによって、得られるものが大きく変わります。幼稚園でいえば、人的環境とは先生や園児たち、園児の保護者など、物的環境とは園舎や園庭、設備などです。

子どもの将来像と家庭の教育方針を定めたうえで、子どもの価値観の土台が築かれる時期にはどのような教育を受けさせたいかを考えて、園選びをしていただきたいものです。

早めにスタートし時間をかけて選択を

志望園選びでは、インターネットやパンフレットを見るだけではなく、できるだけ幼稚園に出向き、説明会や体験保育、運動会などに参加することをおすすめします。在園や卒園しているお知り合いがいれば、様子を聞くのもよいでしょう。今はSNSを開設している園もあり、園児の日々の生活の様子を見ることもできます。

始める時期は、早ければ早いほどよいといえます。理由は2つあります。1つ目は、情報収集と検討の期間を長く取れるからです。幼稚園の説明

会は例年ほぼ同じ時期に実施されます。気になる園の日程が重なり、どちらかを選ばなければならないということも起こり得ますが、期間に余裕があれば焦らずに済みます。たとえば0歳のときに検討を始めたとすると、最初の年はA幼稚園、次の年にB幼稚園の説明会に行き、2園を比較してAがよいと思えば受験の年にA幼稚園に再度行く、ということができます。もちろん、より多くの園を見学し検討材料を増やすことも可能です。

2つ目は、情報収集の中で得た学びや気づきを家庭教育に反映できるからです。幼稚園受験の要は家庭教育です。家庭で子どもにどう接したらよりよい成長につながるのか、幼稚園の教育には、そのヒントがたくさん詰まっています。

幼児教室で対策を始める場合は、1歳を過ぎ一人で座れて一人遊びができるようになるころが目安です。母子分離が不安で泣く子もいますが、保護者以外の大人やお友達と接して新しい世界を知ることは、よい刺激になります。

志望園選びでほかに注目したいのは、通園のしやすさや安全性です。徒歩か公共交通機関で保護者が送迎する園が多いのですが、幼児の足でも通いやすいかよく検討しましょう。園が子どもにとって安全で清潔な環境か、園児数と教師の割合が国の基準以上かなどもポイントです。

願書は両親で作成し
具体例を盛り込む

願書は幼稚園によって形式が異なります。毎年同じとは限りませんが、可能であれば参考のために前年度の書式を見ておきましょう。園によっては、願書の中に志望理由や子どもの性格などを書く欄があったり、願書とは別に面接資料を提出したりします。志望理由には園の教育で感銘を受けた点、家庭の教育方針との一致点、子どもの成長への思いなどを記入します。お子さんの名前に成長への願いや思いを込めている場合は、名前の由来を切り口にするのもよいでしょう。

両親が教育方針の基軸をしっかり持っていることが願書作成の要となり、その後の面接でも役立

ちますから、必ず両親で作成しましょう。

子どもの性格を記載するときは、「わが子はこんなにできるんです」というような過剰なアピールは控えてください。もちろんよい面は伝えていただきたいのですが、親として冷静に客観的な視点から子どもの課題点にふれることも必要です。課題を克服するために、子どもにどのように接してきたか、それによってどのような変化が見られるかに言及できれば、親の努力が伝わりやすくなります。とはいえ、謙遜し過ぎてマイナス面を書き連ねるのもよくありません。

よい面について書くときは「優しくて思いやりがあり……」「こんなこともあんなこともできるようになって……」などと列挙するより、具体的なエピソードを紹介したり、一つの出来事を掘り下げたりするほうが効果的です。なお、願書は文字通り入園の許可をいただくためのお願いの書面です。幼稚園で親子ともに成長したいという謙虚さを忘れないでください。

家族が信頼し合い
楽しみながら受験準備を

幼稚園受験は、完全に親主導で行われます。お子さんに生き生きと受験準備をしてもらうには、家族皆が信頼し合い、穏やかに、丁寧に日常を過ごすことが重要です。親自身も感受性を高め、一瞬一瞬を子どもと楽しみながら過ごせるとよいですね。親子で散歩をしながら「タンポポが咲いたね」「サクラの花が散って葉っぱが出てきたね」など、子どもがいろいろなものに目を向けるきっかけとなる会話をたくさんしていきましょう。また、子どもが何かをやりたがったときは、「これはまだ無理」などと決めつけずに一緒に行うことから始め、途中からは一人でさせていくなど、成長に合わせた援助をしましょう。挑戦したことができたらほめて、ともに喜んであげてください。

基本的な生活習慣も、入園までに身につけておきましょう。休日でも平日の生活リズムと大きく違わないように注意してください。

実際に有名幼稚園ではどのような考査が行われているのか、その一部をご紹介します。
なお、考査内容は伸芽会教育研究所の調査によるもので、
弊社発行の『私立・国立 有名幼稚園合格ガイド』に、より詳細を掲載しています。

青山学院幼稚園

集団テスト

■行動観察（親子遊び）

・木製のレールと乗り物の玩具、砂場、段ボール箱に開いた穴にボールを投げ入れて遊ぶ遊具、人形、おままごと、乗れるくらい大きな段ボール紙製のキリンやゾウなどがあり、自由に遊ぶ。

■読み聞かせ

・先生が絵本の『ずぼっ じー』や、手作りのくるくる回る絵本などを読み聞かせる。

■リズム遊び

・先生を囲むように置かれたいすに、親は子どもをひざの上に乗せて座る。「おんまはみんな」の歌に合わせて、親は子どもを揺らしたり、ひざを伸ばしてその上を滑り降りさせたりする。

■指示行動

・親子で電車ごっこをする。
・音楽に合わせて、ペンギンのように親の足の甲に子どもを乗せて歩き回る。

学習院幼稚園

個別テスト

■言　語

・先生の質問に答える。「お名前を教えてください」「お誕生日はいつですか」「幼稚園（保育園）の名前は何ですか」「幼稚園（保育園）では誰と一緒に遊んでいますか」「好きな食べ物は何ですか」「朝ごはんには何を食べましたか」「公園では何をして遊びますか」

■指示行動・巧緻性

・木が描かれた絵、同じ絵にリンゴのシールが貼られたお手本が用意されている。お手本と同じになるように、絵にリンゴのシール6枚を貼る。
・ウサギ、ネコ、クマのぬいぐるみが用意されている。テスターの指示通りに、リンゴやミカンを分けて配る。

集団テスト

■行動観察（自由遊び）

・おままごと、ぬいぐるみ、ベビーカー、積み木、電車の玩具やレール、恐竜の玩具などで自由に遊ぶ。

■運　動

・ケンケンパーや片足バランスをする。
・先生と一緒に風船をつく。
・横向きのギャロップやスキップで進む。
・その場で続けてジャンプを行う。

■身体表現

・先生が、子どもたちにウサギのまねをしてみせる。「先生と同じようにやってみましょう」という掛け声に合わせ、子どもたちも先生と同じように動物のまねをする。

成城幼稚園

個別テスト

■指示行動（親子課題）

・（親は渡された紙に書かれた折り紙の折り方と子どもへの指示の仕方を覚える）初めに親が折り紙を折って折り方を子どもに教え、その後子どもが同じように折る。時間が計られ、3分以内で行う。

■常識・数・記憶

・風船を4つ持ったクマと3つ持ったネコが描かれた絵を見せられる。風船を示して「何色ですか」「いくつありますか」、絵を隠して「どんな動物がいましたか」などと質問される。

■言　語

・親子遊びの最中に質問を受ける。「お名前を教えてください」「おいくつですか」「今日はどうやって来ましたか」「お手伝いはしますか」「公園にはよく行きますか」「普段はどこによく行って遊びますか」など。

・絵カードを見ながら、先生が言う動物の名前を復唱する。

集団テスト

■行動観察（親子遊び）

・おままごと、電車、ボール、すべり台、大きなソフト積み木、線路状のマットなどで、親子で自由に遊ぶ。

■読み聞かせ

・先生が『だるまさんがころんだ』などの絵本を読み聞かせる。

■歌・リズム

・「どんぐりころころ」「むすんでひらいて」などをみんなで歌う。

・先生に合わせ歌いながら手遊びをする。

■運　動

・追いかけっこをする。

暁星幼稚園

個別テスト

■構　成

・三角形のプレート2枚で大きい三角を、7枚で家の形を作る。

■記　憶

・3×3のマス目の中にいくつかの形がかかれたお手本を見せられる。お手本を隠された後、形があったところに積み木を置く。

■生活習慣

・スモックの一番上のボタンを留めて先生に渡す。

■話の記憶

・「お洋服屋さんへお買い物に行きました。サルと猫はとても仲よしで、手をつないでいきました。ゾウは飛行機に乗っていきました」というような先生のお話を聞く。「何匹の動物がいましたか」「どんなお店に行きましたか」「ゾウはどうやって行きましたか」などの質問に、絵を指さして答える。

集団テスト

■身体表現

・みんなで手をつないで輪になり、先生の「大きくなーれ」「小さくなーれ」の掛け声に合わせて、輪を大きくしたり、小さくしたりする。

■運　動

・線が2本引いてあり、線に沿ってケンケン、グーパー、ハイハイをする。

・花が描かれた的に向かってお手玉を2つ投げる。

・先生の手拍子に合わせて歩き、手拍子が止まったら、あらかじめ言われた色のフープの中に入る。

・フープの中に立ち、先生のまねをしてその場で駆け足をする。

■リズム

・先生のまねをして、同じリズムで手をたたく。

白百合学園幼稚園

個別テスト

■指示行動

（2年保育）

・「お皿のビー玉を1個ずつ、これから言うふたの色の順番で4本のペットボトルの中に入れてください」「赤とピンクのハート型のビーズを、トングでガラスの入れ物に移してください」「カレーライスに入れるものが描かれたカードをカゴに入れて持ってきてください」などと指示される。

（3年保育）

・「白いビーズは紫の瓶に、青は青い瓶、黄色は黄色い瓶、赤は赤い瓶に、トングを使って移してください」「ウサギにエビフライを、クマに目玉焼きをあげてください」などと指示される。

■巧緻性

・クーピーペンで塗り絵をする。

集団テスト

■行動観察（親子課題）

（2・3年保育共通）

・画用紙、折り紙、クーピーペン、のりが用意され、ウエットティッシュとゴミ箱がある。用意されているものを自由に使い、テーマ（2年保育はピクニック、スーパーマーケット、動物園など、3年保育は遊園地、秋の野菜、秋の庭など）に沿って制作する。制作時間は5分で、終了後は机の上に貼られている台紙をはがしてたたんで捨てる。

■運　動

（2年保育）

・合図に鳴った楽器の音がカスタネットなら赤、タンバリンなら青、太鼓なら黄色のフープに入る。

■歌・リズム

・「グーチョキパーでなにつくろう」「げんこつやまのたぬきさん」を先生と歌いながら手遊びする。

雙葉小学校附属幼稚園

個別テスト　※第1面接室で実施

■指示行動

・クマ、ブタ、ゾウ、ウサギのぬいぐるみと、大、中、小の山、赤、黄色、青の橋、いす、ベンチ、すべり台、模擬の果物などが用意されている。「クマさんをすべり台を滑らせて、赤い橋を渡って大きい山を登り、ベンチに座らせてください」「小さい山を通って青い橋を渡ったら、ベンチに座らせてください」などと指示される。

・ゾウ、カエル、ブタ、クマ、アヒル、ウサギのぬいぐるみの中から3、4体と、クリやブドウ、リンゴなど模擬の果物が用意されている。「ゾウさんにクリを3個、カエルさんにブドウを2個あげてください。ブタさんは何ももらえません」「ブタさんにブドウを3個、ゾウさんにリンゴ2個をあげてください」などと指示される。

集団テスト

■行動観察（親子遊び）

・動物が描かれたボードに穴が開けられている。穴にお手玉を投げ入れる。

・ビニールプールの中に、クリップのついたスポンジ製や紙製の魚や貝、タコなどが入っている。釣り糸の先に磁石がついた釣りざおを使って釣る。

・S字状に曲がった細長い台や、飛び石のように置かれた半球状のマットを渡る。

・半円形の鉄製ポール2本の間にネットが張られた遊具があり、ネットを上り下りする。

・用意されている輪投げやボーリングセットで遊ぶ。

■行動観察

・先生から、ウサギやカエルの形に折った折り紙をもらい、飛び跳ねさせて遊ぶ。

幼稚園受験用語集

◆ 3年保育

満3歳になった翌年度の4月から3年間保育を行うこと。満3歳〜満4歳児が該当し、年少組となります。

◆ 2年保育

満4歳になった翌年度の4月から2年間保育を行うこと。満4歳〜満5歳児が該当し、年中組（2年保育の幼稚園では年少組）となります。

◆ 1年保育

満5歳になった翌年度の4月から1年間保育を行うこと。満5歳〜満6歳児が該当し、年長組となります。

◆ 満3歳児保育

満3歳になった時点から保育を行うこと。翌年度の4月の入園（3年保育）を待たずに入園することができます。3年保育の下の学年となるため、「4年保育」とも呼ばれます。ただし募集や入園のタイミングは、募集は随時で入園は満3歳になった翌月から、募集は年数回で入園は満3歳になった翌日から、など園により異なります。

◆ 未就園児クラス

入園前の子どもの保育を行うプログラム。開催頻度や保育内容はさまざまです。幼稚園生活を体験し、教育的な環境に慣れることができます。参加者に対し優先入園制度を設けている幼稚園もあります。

◆ 一斉保育

同年齢の子どもたちが、カリキュラムに沿って同じ活動をする保育。先生の指導のもと、歌、お絵描き、工作、体操などを行います。

◆ 自由保育

子どもたちが自発的に遊びを選び、自由に活動する保育。自ら遊びを選ぶことで自主性や創造性が育まれ、お友達と協力したりトラブルを解決したりする中で、社会性や協調性が身につきます。

◆ 縦割り保育

異年齢の子どもたちを一つの集団にして行う保育。年上の子どもは年下の子どもの世話をすることで思いやりや責任感が育まれ、年下の子どもは年上の子どもの行動を見て憧れ、自分もそうなりたいと意欲が高まるなど、人間関係の基礎が培われやすくなります。

◆ モンテッソーリ教育

イタリアの医師、マリア・モンテッソーリが考案した教育法。子どもが自分で選んだ活動に満足いくまで取り組めるよう環境を整え、自ら育つ力を伸ばします。「日常生活の練習」「感覚教育」「算数教育」「言語教育」「文化教育」の5つの分野で、独自の教具を使いながら活動（お仕事）を行います。

◆ 課外教室

通常の保育時間終了後に実施される活動で、基本は保育料とは別料金です。英語、絵画、造形、バレエ、リトミック、水泳、サッカー、体操など、幼稚園によってさまざまなプログラムを用意しています。

◆ 預かり保育

朝や午後〜夕方など通常の保育時間の前後、長期休暇中などに行う保育。有名幼稚園でも実施する園が増加しています。年単位や月単位で契約して毎日、保護者の都合に合わせて一時的に、などの利用方法があります。

名門私立も、国立も！ 幼稚園受験を決めたら〈改訂版〉

2023年3月13日　　初版第2刷発行
2024年6月14日　改訂新版第1刷発行

監修　　　　　　　　　　伸芽会教育研究所
発行　　　　　　　　　　株式会社伸芽会
　　　　　　　　　　　　〒171-0031
　　　　　　　　　　　　東京都豊島区目白3-4-11-4F
　　　　　　　　　　　　販売 (03) 6908-0959
　　　　　　　　　　　　編集 (03) 6908-1559
　　　　　　　　　　　　URL　https://www.shingakai.co.jp

企画・編集　　　　　　　伸芽会出版部編集室
Director　　　　　　　　サトウクミ
Editor　　　　　　　　　山本香織　久保田裕子
表紙・本扉イラスト／本文マンガ　佐藤竹右衛門
キャラクター・本文イラスト　コバヤシ・カズエ
DTP　　　　　　　　　　株式会社トッパングラフィックコミュニケーションズ

　　　　　　　　　　　　定価2750円(本体2500円＋税10%)

印刷・製本　　　　　　　TOPPAN株式会社